AG SPAK M 109

Ottmar Miles-Paul

“WIR SIND NICHT MEHR AUFZUHALTEN”

Behinderte auf dem Weg zur Selbstbestimmung

Beratung von Behinderten durch Behinderte -
Peer Support: Vergleich zwischen den USA und der BRD

Impressum:

1. Auflage 1992

Lektorat:	Sven Hanuschek, München
Umschlaggestaltung:	Stephan von Borstel, Kassel
Satz:	Hannelore Zimmermann, Neu-Ulm
Druck:	Erwin Lokay, Reinheim
Erscheinungsort:	München

Dieser Band erscheint als M 109 in der Reihe
MATERIALIEN DER AG SPAK
bei AG SPAK Bücher
(Träger: Verein zur Förderung der sozialpolitischen Arbeit e.V.)

Vertrieb:	AG SPAK Bücher
	Adlzreiterstraße 23, 8000 München 2
sowie für:	Österreich: Herder-Auslieferung, Wien
	Schweiz: Impressum Verlag AG, Schaffhausen

CIP Titelaufnahme der Deutschen Bibliothek:

Miles-Paul, Ottmar:
Wir sind nicht mehr aufzuhalten : Behinderte auf dem Weg zur Selbstbestimmung ; Beratung von Behinderten durch Behinderte ; peer support: Vergleich zwischen den USA und der BRD / Ottmar Miles-Paul. - 1. Aufl. - München: AG SPAK-Publ., 1992
(Materialien der AG SPAK ; M 109)
ISBN 3-923126-76-X
NE: Arbeitsgemeinschaft Sozialpolitischer Arbeitskreise: Materialien der AG ...

Inhalt

Vorwort

Da im Folgenden viel von der Förderung der Selbstbestimmung behinderter Menschen die Rede sein wird, möchte ich vorweg all denjenigen danken, die mich selbst bei meinen Forschungen für dieses Buch und bei meiner Arbeit in der Selbstbestimmt Leben Bewegung Behinderter unterstützt haben.

Besonderen Dank möchte ich Judith Heumann vom *World Institute on Disability* in Oakland, Kalifornien aussprechen, die mir als fachkundige Repräsentantin der Independent Living-Bewegung stets mit Rat und Tat zur Seite gesessen ist und deren Dienste für mich unschätzbar sind.

Darüberhinaus möchte ich den Dank an Birgit Schopmans hervorheben, die mir erheblich dabei geholfen hat, eine bessere Umgangsweise mit meiner eigenen Behinderung zu entwickeln und die Wichtigkeit und Kraft der gegenseitigen Unterstützung Behinderter, des Peer Support, am eigenen Leib zu erfahren.

Last but not least möchte ich mich bei der Dr. Helmut und Margarete Meyer-Schwarting Stiftung bedanken, ohne deren finanzielle Unterstützung die Durchführung der im Folgenden beschriebenen Forschungen nicht möglich gewesen wären. In diesem Zusammenhang gebührt auch der Hertie Stiftung mein besonderer Dank für ihre engagierte ergänzende Hilfe.

Einleitung

"Als ich mich selbst behindert fand (als Paraplegikerin), war das, was ich am meisten wollte, mit jemandem zu reden, bei der ich fühlte, daß sie die Gefühle kennt, die ich erlebte. Ich wollte eine Frau treffen, die einen Rollstuhl benutzt und dies lange genug, so daß sie ihr Leben wieder in Ordnung gebracht hat. Ich dachte wiederholt: 'All diese Leute versuchen mir zu helfen, aber sie verstehen mich nicht.' Erst zwei Jahre nachdem ich behindert wurde, fand ich eine behinderte Beraterin. Ich kann Dir nicht beschreiben, wie gespannt ich war. Ich war so hungrig darauf, alles über ihr Leben zu erfahren, ihre Methoden mit den alltäglichen Lästigkeiten und Schwierigkeiten umzugehen und besonders ihre Wege im Umgang mit Gefühlen kennenzulernen. Ich fragte solche Fragen wie: 'Wie bekommst Du Deinen Rollstuhl ins Auto und aus dem Auto heraus?' Ich wollte sehen, ob sie einen besseren Weg wußte, als den, den ich mir ausgedacht hatte. 'Reist Du allein oder übernachtest Du allein in Motels?' Zu diesem Zeitpunkt hatte ich noch keine Nacht allein verbracht seit ich Paraplegikerin wurde. Ich fragte ängstlich: 'Gehst Du aus zu Verabredungen?' Ich war in allem, was sie mir über Verabredungen erzählen konnte furchtbar interessiert. Du denkst vielleicht, daß eine Frau, die seit elf Jahren verheiratet ist, wissen müßte, wie sie mit Männern umgehen kann. Ich machte aber meine Erfahrungen als eine nichtbehinderte Teenagerin und dann als erwachsene Ehefrau. Als ich eine behinderte, geschiedene Frau war, fühlte ich mich völlig außerstande, mit Verabredungen umzugehen. Ich fragte sie: 'Bist Du jetzt glücklich? Ist es o. k. nach fünf oder sechs Jahren? Vermindert sich der Schmerz des Verschieden-Seins?' All dies waren Fragen, die mir durch eine ziemlich gut auf ihre Behinderung eingestellte Frau beantwortet werden mußten."[1]

[1] Konsumentin des Boston Self Help Centers, 1979 zit. in SAXTON, 1983; 172

Anhand dieses Berichtes einer behinderten Kundin [2] des *Boston Self Help Centres* wird deutlich, wie wichtig es sein kann, daß behinderte Menschen mit anderen Behinderten ihre Erfahrungen austauschen und beim Umgang mit ihrer Behinderung und mit den gesellschaftlichen Rahmenbedingungen durch BeraterInnen, die selbst behindert sind, gezielt unterstützt und beraten werden.

Während der letzten Jahre haben behinderte und nichtbehinderte Menschen immer wieder durch vielfältige und phantasievolle Aktionen auf bestehende Barrieren für Behinderte hingewiesen, die uns oft erst behindern und von einer gleichberechtigten Teilnahme am gesellschaftlichen Leben abhalten. Auf diese Weise wurde die Tragweite der alltäglichen Ausgrenzung und Benachteiligung Behinderter verdeutlicht und an die Öffentlichkeit getragen. Was jahrzehntelang unter dem Deckmäntelchen der Wohltätigkeit und des Nur-das-Beste-für-die-Behinderten-Wollens verhüllt und beschönigt wurde, gerät langsam ins Wanken und wird als das entlarvt, was es oftmals in Wirklichkeit ist - eine tief verwurzelte und haarsträubende Diskriminierung Behinderter. Aspekte dieser Diskriminierung Behinderter ziehen sich z. B. wie ein roter Faden durch das für Behinderte weitgehend aussondernde Bildungswesen, die oftmals menschenunwürdige und entmündigende Behindertenarbeit, den Arbeits- und Wohnungsmarkt, die architektoni-

2 Entsprechend der in den US-amerikanischen ILP's weitverbreiteten Verwendung des Begriffes "consumer" bevorzuge ich ebenfalls die Verwendung des Begriffes "KundIn" gegenüber dem weitverbreiteten Gebrauch der Bezeichnung "Klient/in" oder "Patient/in". Der Gebrauch des Terms "KundIn" deutet sowohl eine Wahlmöglichkeit als auch einen Anspruch an, den die Person hat, die Dienstleistungen in Anspruch nimmt, und schreibt ihr somit eine aktivere Rolle zu, als das Wort "Klient/in", das eher passive Assoziationen hervorruft. So leitet das Duden Universalwörterbuch von 1989 die Herkunft des Wortes Klient aus dem lateinischen u. a. mit dem Begriff "der Hörige" ab.

3 vergl. DANIELS V. u.a., 1983, FORUM DER KRÜPPEL- UND BEHINDERTENINITIATIVEN, 1986, FRANKFURTER RUNDSCHAU, 1988 und INTERESSENGEMEINSCHAFT BEHINDERTER STUDENTINNEN AN DER GESAMTHOCHSCHULE KASSEL, 1988

4 vergl. SAXTON, 1983; 171 und Vortrag von FRIEDEN, LEX auf einer Konferenz des University Center for International Rehabilitation, Michigan State University zum Thema "International Perspectives about Independent Living" am 25. April 1982 in Atlanta, Georgia zusammengefasst bei TATE / CHADDERDON, 1983; 12

5 vergl. PAUL, 1990; 8 - 12

sche Unzugänglichkeit von vielen Restaurants, öffentlichen Gebäuden und Verkehrsmitteln etc., und werden schließlich am Mangel ambulanter Unterstützungen und der neu entfachten Euthanasiediskussion besonders deutlich.[3]

Demgegenüber ist der Umgang mit den inneren Barrieren, die vielen behinderten Menschen anerzogen oder durch eine von Schönheits- und Leistungsidealen besessene und von Diskriminierungen gekennzeichnete Gesellschaft eingeimpft werden, weitgehend unberücksichtigt geblieben. So teilen viele Behinderte z. B. den Ärger über die vielfältigen Diskriminierungen und die Frustrationen, die aus den täglichen Einschränkungen erwachsen. Minderwertigkeitsgefühle, das Gefühl, eine Last für die Angehörigen und die Gesellschaft zu sein, Isolation und Machtlosigkeit sind ebenso Gefühle, die viele Menschen mit Behinderungen in unserer Gesellschaft teilen und erhebliche Barrieren für ihre Selbstbestimmung darstellen.[4]

Die Förderung von individuellen Selbstbehauptungsstrategien, die dazu geeignet sind, daß Behinderte ihre Rechte und die Respektierung ihrer Menschenwürde einfordern, wurde von der vorwiegend durch Nichtbehinderte und den Prinzipien der Fürsorge beherrschte Behindertenarbeit weitgehend vernachlässigt. Und dies, obwohl die weitverbreiteten sozialen Vorurteile gegenüber Behinderten und vor allem die daraus resultierenden Verhaltensweisen, die vielen Menschen mit Behinderungen entgegengebracht werden, ständig verdeutlichen, wie wichtig es ist, daß Behinderte sich selbst dagegen wappnen und ihre eigenen Umgangsweisen damit entwickeln. Kontaktvermeidung mit Behinderten, unangemessenes Mitleid oder das Ausfragen über intime behinderungsspezifische Fragen durch meist nicht näher bekannte Nichtbehinderte, sowie Spott, geringe Förderung, Bevormundung und Überbehütung, sind z. B. Faktoren, mit denen wir ständig konfrontiert werden.[5]

Im Gegensatz zur Aus- und Fortbildung der meist nichtbehinderten Professionellen aus der Behindertenarbeit, während der die intensive Auseinandersetzung mit der Situation von Behinderten oft eine zentrale Rolle einnimmt, sind die Angebote für Behinderte selbst, die uns eine aktive Auseinandersetzung mit unserer Situation und dem Umgang mit unserer Behinderung ermöglichen, in der BRD dünn gesät. Auf diese

Weise wird das Ungleichgewicht im Verhältnis zwischen Behinderten und Nichtbehinderten fortgeschrieben und uns die Loslösung aus den vielfältigen Abhängigkeiten, auch der Aufbau unseres eigenen Wertesystems, erschwert.

Dies hat zur Folge, daß viele Menschen mit Behinderungen gegenüber den Normen des Nicht-Behindert-Seins kapitulieren und eine Vielzahl von Diskriminierungen widerspruchslos hinnehmen und selbst reproduzieren, in Passivität verfallen oder sich sogar wegen ihres Anders-Seins schämen. So gibt es immer noch viel zu wenig Behinderte, die offensiv auf ihre Gleichstellung pochen, ihre Bürgerrechte aktiv einfordern und daran mitwirken, eine alternative Kultur aufzubauen, in der wir so sein können, wie wir sind und stolz darauf sein können.

Während es sich beispielsweise mittlerweile weithin durchgesetzt hat, daß ratsuchende Frauen mit frauenspezifischen Fragestellungen und Erfahrungen auch bevorzugt von Frauen beraten werden, dominieren die professionellen Beratungsangebote in der bundesdeutschen Behindertenarbeit immer noch fast ausschließlich Nichtbehinderte und ihre Normen. Obwohl viele Menschen aus eigenen Erfahrungen im Umgang mit ihrer Behinderung, mit Ärzten, Eltern, Behörden, diskriminierenden Barrieren, HelferInnen mit unangemessenen und entwürdigenden Helfertrieben genauestens wissen, was es bedeutet, behindert zu sein, und Strategien des Umgangs entwickelt haben, wird dieses Expertentum viel zu selten in der bundesdeutschen Behindertenarbeit genutzt. Auf diese Weise wird Menschen mit Behinderungen nicht nur eine ermächtigende Beratung vorenthalten, sondern auch die Dominanz der Nichtbehinderten und ihrer Normen über die Behindertenarbeit beibehalten und verfestigt.

Neben dem Austausch über den Erwerb von spezieller Umgangsweisen mit der Behinderung gibt es viele Aspekte, über die viele Behinderte oft nur beschränkt oder gar nicht mit nichtbehinderten BeraterInnen oder FreundInnen reden wollen und können. Der Ausspruch, "niemand versteht, was es bedeutet, behindert zu sein"[6], symbolisiert ein unter

[6] ebenda

[7] vergl. SAXTON / HOWE, 1987; 2

[8] vergl. INDEPENDENT LIVING RESEARCH UTILIZATION PROJECT, 1986; Deckblatt

Behinderten weitverbreitetes Gefühl. SAXTON und HOWE führen in diesem Zusammenhang in ihrem Buch *With Wings* ("Mit Flügeln"), in dem sie Literatur von Frauen mit Behinderungen herausgeben, aus, daß dieser Mangel an einer wirklichen Verbindung zu anderen vielleicht den größten Schmerz darstellt, den eine Behinderung mit sich bringt.[7]

Diese Mißstände in der Beratung Behinderter haben während der letzten Jahre viele Menschen mit Behinderungen veranlaßt, selbst aktiv zu werden und basierend auf ihren eigenen Erfahrungen, neue Beratungskonzepte zu entwickeln. Diese bauen auf dem Prinzip des Peer Support - der Unterstützung von Behinderten durch Behinderte - auf. So hat sich mittlerweile ein beachtliches Netzwerk von gemeindenahen Beratungszentren entwickelt, die von Behinderten für Behinderte betrieben werden - die Zentren für selbstbestimmtes Leben.

Dabei konnten die Zentren für selbstbestimmtes Leben auf die langjährigen Erfahrungen aus den USA zurückgreifen, wo bereits 1972 das erste von Behinderten betriebene und geleitete Beratungszentrum für Behinderte, das *Centre for Independent Living* in Berkeley, Kalifornien seine Tore geöffnet hatte und mittlerweile mehr als 300 solcher Beratungszentren, die über die ganzen USA verteilt sind, existieren.[8] So hat die US-amerikanische *Independent Living*-Bewegung Behinderter im Laufe der letzten 20 Jahre weitreichende psychosoziale Unterstützungsangebote aufgebaut, die auf dem Prinzip des Peer Support basieren. Dabei werden diese Unterstützungen weitgehend von Behinderten selbst angeboten und sind mit den Unterstützungsleistungen der Frauenbewegung zu vergleichen. Die US-amerikanische Behindertenarbeit hat sich dabei neben den professionellen Methoden der Sozialarbeit auch die Vorteile der Selbsthilfe zu Nutze gemacht und eine Form der psychosozialen Unterstützung und Ermächtigung von behinderten Menschen entwickelt, die eine Vielzahl von Vorteilen mit sich bringt und mittlerweile weltweite Anerkennung und Nachahmung gefunden hat.

Nachdem ich von der Existenz und der Arbeitsweise der *Centres for Independent Living* erfahren hatte, entschloß ich mich, im Rahmen meines Sozialwesenstudiums und eines 15monatigen USA-Aufenthaltes verschiedene Praktika in diesem Bereich zu absolvieren, um die Praxis des Peer Support und der damit verbundenen Ermächtigung

Behinderter näher kennenzulernen. Neben intensiven Forschungen, die ich zu diesem Thema betrieben habe, arbeitete ich in Berkeley, Kalifornien, im *Centre for Independent Living* (CIL), im *Disabled Students' Program* der University of California in Berkeley (DSP) und beim *World Institute on Disability*, das ein Forschungs- und Fortbildungszentrum von Behinderten für Behinderte und in Oakland, Kalifornien, ansässig ist.

Die folgenden Ergebnisse des Vergleichs zwischen den Beratungsangeboten von Behinderten für Behinderte in den USA und den Entwicklungen in der BRD basieren daher neben den Resultaten eines breiten Literaturstudiums zu einem grossen Teil auf meinen Erfahrungen, die ich als Mensch mit einer Sehbehinderung in Deutschland und den USA gemacht habe und die mir die Herangehensweise an dieses Thema aus verschiedenen Perspektiven ermöglichen. Während ich als Teilnehmer von verschiedenen Peer Support Gruppen für Behinderte die Möglichkeit hatte, den Gruppenprozeß und meine eigene Entwicklung aus der Sicht des Kunden zu erleben und zu beobachten, fungierte ich ebenso als Berater und Anleiter von Gruppen in den USA und in der BRD. Meine eigenen Erfahrungen wurden durch unzählige Gespräche mit anderen KundInnen, die Peer Support in Anspruch genommen haben und mit behinderten BeraterInnen aus verschiedenen Teilen der USA und der BRD ergänzt und bereichert. Ihnen allen sei auf diesem Wege nochmals recht herzlich gedankt.

Da das Konzept des Peer Support mittlerweile in einem breiten Spektrum von Bereichen und Organisationen innerhalb der US-amerikanischen Behindertenarbeit in den unterschiedlichsten Formen praktiziert wird, würde es den Rahmen dieses Buches sprengen, wenn ich die gesamte Komplexität und Bandbreite der Anwendung dieser Unterstützungsform darstellen würde. Da die *Independent Living Programmes* (ILP's) die Entwicklung der Methode des Peer Support entscheidend geprägt und vorangetrieben haben und Peer Support von den mittlerweile über 300 existierenden ILP's in den unterschiedlichsten Formen praktiziert wird, habe ich den Schwerpunkt meiner Forschungen auf die

[9] Public Law 95-602 schreibt vor, daß ILP's Peer Support anbieten müssen. Vergl. STUDY GROUP ON IMPLEMENTATION OF INDEPENDENT LIVING PROGRAMS IN REHABILITATION, 1980; 27

Anwendung von Peer Support durch die ILP's gesetzt und werde auf die Praxis in anderen Bereichen nur am Rande eingehen. Die Tatsachen, daß Peer Support mittlerweile zu einem Pflichtangebot der ILP's zählt[9] und der Großteil der Literatur zu diesem Thema von Personen, die aus dem Umfeld der *Independent Living-Bewegung* stammen, publiziert wurde oder auf Erfahrungen basieren, die in den ILP's gemacht wurden, hat diese Schwerpunktsetzung ebenfalls beeinflußt.

Weil ich bei Vorträgen über die amerikanische *Independent Living*-Bewegung regelmässig auf die Schattenseiten der amerikanischen Behinderten- und Sozialpolitik angesprochen werde, möchte ich den Ausführungen dieses Buches vorwegschicken, daß die von mir dargestellten Projekte, behindertenpolitischen Entwicklungen und Arbeitsansätze der amerikanischen Behindertenarbeit in erster Linie das Resultat eines zähen und kraftvollen Kampfes der amerikanischen Selbstbestimmt-Leben-Bewegung Behinderter und weniger das Resultat einer einsichtigen und zukunftsweisenden Regierungspolitik der USA sind, die gerade während der letzten Jahre im Sozialbereich erhebliche Probleme kreiert hat.

Während sich traditionelle Behindertenverbände und die sogenannten "Institutionen für Behinderte", die über ausreichende Ressourcen zur Durchsetzung von positiven Veränderungen zugunsten Behinderter verfügt hätten, auch in den USA mit dem System der Aussonderung und Entmündigung behinderter Menschen bestens arrangiert haben, ja dieses sogar stützen, standen den behinderten BürgerrechtlerInnen außer dem Traum von einem selbstbestimmten Leben ohne Diskriminierung und Entmündigung oft nur die wenigen Dollars aus ihrer eigenen Tasche für ihre politische Arbeit zur Verfügung. Dennoch haben Tausende von behinderten AmerikanerInnen in meist ehrenamtlicher Arbeit mittels einer intensiven und kraftraubenden Öffentlichkeits- und Lobbyarbeit, der Durchführung von Demonstrationen und phantasievollen Protestaktionen über die letzten Jahrzehnte hinweg gegen die aussondernden und entmündigenden Strukturen der herkömmlichen Behindertenarbeit und -politik angekämpft. Sie haben das, was wir heute unter dem Begriff der Selbstbestimmung Behinderter verstehen, aufgebaut.

Der wohl größte Vorteil von internationalen Austauschprogrammen besteht meines Erachtens darin, daß wir uns die positiven Ansätze aus anderen Ländern ansehen können, um die besten Ideen in unsere eigene Arbeit einfließen zu lassen. In diesem Sinne habe ich mich in diesem Buch im wesentlichen darauf beschränkt, die positiven Entwicklungen, die die amerikanische Selbstbestimmt-Leben-Bewegung hervorgebracht hat, darzustellen, um positive Anregungen für die hiesige Behindertenbewegung und Behindertenpolitik zu geben.

Im zweiten Teil dieses Buches werde ich dann die Ansätze der Beratung von Behinderten durch Behinderte in der bundesdeutschen Selbstbestimmt Leben Bewegung aufzeigen und deren Entwicklung, Grundsätze und Schwierigkeiten skizzieren, sowie Ansätze für den Auf- und Ausbau von weiteren Zentren für selbstbestimmtes Leben in der BRD aufzeigen.

Aufgrund der Tatsache, daß einige Abkürzungen und Begriffe, die ich in dieser Arbeit verwenden werde, vielen LeserInnen nicht geläufig sein dürften, füge ich dieser Arbeit ein Abkürzungs- und Begriffsverzeichnis als Anhang bei, in dem ich die wichtigsten von mir verwandten Abkürzungen und neuartigen Begriffe mit deren Bedeutung aufführe.

Das Konzept des Peer Support, wie die Selbstbestimmung Behinderter im Allgemeinen, setzt voraus, daß Behinderte selbst aktiv werden, sich zusammenfinden, sich über ihre Erfahrungen austauschen und sich vor allem gegenseitig auf dem langen und manchmal sehr steinigen Weg in Richtung Selbstbestimmung unterstützen. Aufgrund meiner Biographie als Mensch mit einer Sehbehinderung und vor allem aufgrund meiner Erfahrungen mit der Selbstbestimmt-Leben-Bewegung Behinderter weiß ich selbst, wie schwer es manchmal ist, den ersten Schritt in Richtung Selbstbestimmung zu tun und vehement bei der Sache zu bleiben. Ich weiß aber ebenso um den Ideenreichtum und die Kraft, die in vielen von uns und in unserem Grundsatz der Selbstbestimmung steckt und die schon so Manches bewegt hat und sicherlich noch bewegen wird. Daher richte ich dieses Buch vorrangig an Menschen mit Behinderungen und hoffe, dadurch einen kleinen Beitrag zu leisten, den einen oder anderen Stein ins Rollen zu bringen, um mehr von dieser Kraft und dem Glauben an uns selbst freizusetzen, so daß wir zukünftig wirklich nicht mehr aufzuhalten sind.

1. Teil

PEER SUPPORT IN DEN USA

I. Begriffsdefinitionen

Für ein besseres Verständnis der folgenden Ausführungen ist es notwendig, daß ich die Begriffe *Independent Living* und *Peer Support* genauer definiere. Andere Begriffe, die Erklärungen bedürfen, werde ich an den entsprechenden Stellen entweder direkt im Text oder durch Anmerkungen erläutern.

1. Independent Living

Der Begriff *Independent Living* hat sich im Laufe der letzten 20 Jahre zu einem Schlüsselbegriff in der US amerikanischen Behindertenarbeit und -politik entwickelt und ist in den verschiedensten Zusammensetzungen wie *Independent Living Program*, *Independent Living*-Bewegung oder *Centre for Independent Living* vorzufinden. Im Zusammenhang mit dem Thema Peer Support ist der Begriff *Independent Living* nicht wegzudenken, da dessen Grundsätze die Entwicklung des Peer Support entscheidend geprägt haben und die Methode des Peer Support darauf ausgerichtet ist, das Ziel eines *Independent Living* - Selbstbestimmten Lebens - für Behinderte zu unterstützen.

Wie läßt sich nun der Ausdruck *Independent Living* übersetzen, und wie kann dieser Begriff im Kontext der Behindertenarbeit und Behindertenpolitik definiert werden? Während dieser Term direkt aus dem Englischen übersetzt unabhängiges, selbständiges oder autonomes

[10] vergl. REINARZ, 1990; 6ff

[11] HEUMANN, JUDITH zit. in STODDARD, 1978; 2

[12] Der Begriff "Persönliche Assistenz", den ich aus dem in den USA weitverbreiteten Term "personal assistance" übernommen habe, wird von mir gegenüber den Begriffen "Helfer" und "Hilfeleistung" bevorzugt. Während der Begriff "Helfer" eher den Eindruck erweckt, daß diejenigen, denen assistiert wird, hilflos sind und es sich um einen Akt der Wohltätigkeit handelt, wird der Ausdruck "Persönliche Assistenz" der Rolle, in der sich beide Personen befinden, gerechter und schreibt der behinderten Person, die am besten weiß, welche Hilfeleistung sie gerade braucht, die Kompetenz zu. Vergl. DEGENER, 1989; iff

[13] vergl. ZOLA in TATE / CHADDERDON, 1983; 10

[14] CUPOLO CARRILLO u.a. 1985; ohne Seitenangabe

Leben bedeutet, ziehe ich den Ausdruck "Selbstbestimmtes Leben" vor, der von MitgliederInnen der bundesdeutschen Behindertenbewegung im Rahmen des Aufbaus von Zentren für selbstbestimmtes Leben geprägt wurde, die erheblich von den Erfahrungen der amerikanischen *Independent Living Programmes* (ILP's) beeinflußt wurden.[10] Im Gegensatz zu den Begriffen unabhängig und selbständig, mit denen im Zusammenhang mit Behinderung oft die Ausübung von physischen Aktivitäten verbunden werden, konzentriert sich der Begriff Selbstbestimmung vorwiegend auf den Entscheidungsprozeß, der, wie JUDITH HEUMANN vom *World Institute on Disability* ausführt, in diesem Zusammenhang im Vordergrund steht.

> *"Für uns bedeutet Independent Living nicht die eigenständige Ausübung von physischen Tätigkeiten. Es bedeutet, in der Lage zu sein, selbstbestimmte Entscheidungen zu treffen. Es ist ein Denkprozeß, unabhängig von einem 'normalen Körper'".*[11]

IRVING KENNETH ZOLA, der weitreichende Forschungen zum Thema *Independent Living* angestellt hat, hebt ebenfalls hervor, daß die Selbstbestimmung von Behinderten nicht an den physischen Tätigkeiten, die Behinderte ausüben können, gemessen wird, sondern an den persönlichen und ökonomischen Entscheidungen, die Behinderte treffen können. Dementsprechend steht für ihn in diesem Zusammenhang nicht die Quantität der Tätigkeiten, die Behinderte ohne Assistenz ausüben können, sondern die Qualität des Lebens, das Behinderte mit *Persönlicher Assistenz* [12] führen können, im Vordergrund.[13]

Grundsätzlich vertritt das Konzept des *Independent Living* den Grundsatz, "daß behinderte Menschen die gleichen Rechte, Privilegien und Verantwortungen wie andere Erwachsene oder Kinder in ihrer Gesellschaft oder Kultur haben sollen." [14]

In dieser Arbeit beziehe ich mich jedoch auf die in der amerikanischen Literatur weithin verwendete Definition von FRIEDEN / RICHARDS / COLE und BAILEY, die 1979 vom THE INSTITUTE FOR REHABILITATION AND RESEARCH (TIRR) in Houston, Texas veröffentlicht wurde. Demnach bedeutet *Independent Living* die

> *"Kontrolle über das eigene Leben [...]. Dies umfaßt die Regelung der eigenen Angelegenheiten, die Teilnahme am täglichen Leben in*

der Gemeinde, die Ausübung einer Reihe von sozialen Rollen, das Treffen von Entscheidungen, die zur Selbstbestimmung führen und die Minimierung von physischen und psychischen Abhängigkeiten von Anderen."[15]

2. Was ist Peer Support?

Aus dem Englischen übersetzt bedeutet der Begriff Peer soviel wie Gleichgestellte/r, Kamerad/in oder Ebenbürtige/r, während sich das Wort *Support* in diesem Zusammenhang mit Unterstützung oder Förderung übersetzen läßt. Demnach läßt sich der Ausdruck *Peer Support* in diesem Zusammenhang am ehesten mit Unterstützung durch Ebenbürtige oder Gleiche übersetzen.

Ähnlich wie mit dem Begriff *Independent Living* hat sich in den USA um den Term *Peer Support* während der letzten Jahre ein Fachjargon entwickelt, der sich beispielsweise aus Begriffen wie *Peer Counseling*, *Peer Support Group*, *Peer Assistant*, *Peer Educator*, *Peer Consultant* und *Peer Helper* zusammensetzt.[16] In der Gesetzgebung und Literatur findet die Anwendung des Begriffes *Peer Counseling* jedoch die weiteste Verbreitung,[17] so daß ich mich bei der folgenden Definition auf diesen Begriff beziehe.

[15] FRIEDEN, L. / RICHARDS, L. / COLE J. and BAILEY D.; ILRU Source Book: Technical Assistance Manual on Independent Living. Houston, The Institute for Rehabilitation & Research, 1979 zit. in FRIEDEN, L. in Preface bei GIBBONS, 1981; vii

[16] vergl. SAXTON, 1983; 176

[17] vergl. ebenda

[18] vergl. DIE RANDSCHAU, Juli - Okt. 1989; 9 und SANDFORT, 1986; 7f

[19] Nur die wenigsten Peer UnterstützerInnen, die in den ILP's arbeiten, verfügen über eine formale Beraterausbildung beim Antritt ihrer Arbeit.

[20] Aufgrund der von mir im Deutschen unterschiedlich gewählten Begriffe, ist es notwendig, daß ich an dieser Stelle nochmals darauf hinweise, daß ich in der deutschen Sprache den Begriff Peer Support anstatt dem an dieser und vielen weiteren Stellen in der englischen Fassung verwandten Ausdruck *Peer Counseling* vorziehe.

[21] SCHATZLEIN, J. E.; Spinal Cord Injury and Peer Counseling/Peer Education. Unpublished Paper, 1978; 4 zit. in SAXTON, 1983; 176

Aufgrund der Tatsache, daß die Methode des Peer Support bisher nur geringe Beachtung in der deutschen Behindertenarbeit gefunden hat, hat sich hierzu im deutschsprachigen Raum noch keine allgemein gültige Terminologie entwickelt. Beratung von Behinderten für Behinderte ist ein Begriff, der vereinzelt zu hören ist, doch findet der Begriff *Peer Counseling*, der aus dem Amerikanischen übernommen wurde, die weitreichendste Anwendung.[18]

Da ich mich in diesem Buch mit verschiedenen Formen der Unterstützung Behinderter durch Behinderte beschäftige und die Verwendung des Begriffes Beratung, wie er in der Bundesrepublik weithin verstanden wird, für bestimmte Formen dieser Unterstützung nicht adäquat ist und in der praktischen Arbeit für Mißinterpretationen sorgen und Einschränkungen für die Beschäftigung von Behinderten, die nicht die formalen Qualifikationen von BeraterInnen erfüllen, zur Folge haben könnte, bevorzuge ich, den umfassenderen Begriff des Peer Support aus dem Amerikanischen zu übernehmen.[19] Mit dieser Begriffsverwendung kann sowohl die professionelle Beratung und die Anleitung von Gruppen durch Behinderte für Behinderte, als auch die äusserst wichtige Selbsthilfeförderung und Selbsthilfetätigkeit von Behinderten für Behinderte mit einbezogen werden.

Bedingt durch die sich stark unterscheidenden Sichtweisen und Angebotsformen der verschiedenen Projekte, die in den USA Peer Support leisten bzw. anbieten, variieren die Definitionen erheblich. In einer enger gefaßten Definition erklärt SCHATZLEIN Peer Support wie folgt:

"Peer Support [20] ist eine notwendige Ergänzung für den Rehabilitationsprozeß, in dem eine schwerbehinderte Person, die einen erfolgreichen Übergang von einem Leben in einer Institution zu einem selbstbestimmten Leben in der Gemeinde vollzogen hat, Informationen über Resourcen, Unterstützung, Verständnis und Orientierung für andere behinderte Menschen bietet, die das Streben nach ähnlichen Veränderungen haben." [21]

Demgegenüber ziehe ich die breitere Definition von der STUDY GROUP ON PEER COUNSELING AS A REHABILITATION RESOURCE von 1981 vor, auf die ich mich in dieser Arbeit stütze. Sie definiert Peer Support wie folgt:

"Peer Support ist Hilfe, die von einer behinderten Person zur Verfügung gestellt wird, die über behinderungsbedingte Erfahrungen und Kenntnisse sowie über Fähigkeiten, mit der eigenen Behinderung umzugehen, verfügt. Sie assistiert anderen behinderten Individuen und entscheidenden anderen Personen im Umgang mit ihren behinderungsspezifischen Erfahrungen." [22]

[22] STUDY GROUP ON PEER COUNSELING AS A REHABILITATION RESOURCE, 1981; 1

[23] vergl. KATZ / BENDER, 1976; 273

II. Entwicklung des Peer Support in den USA

1. Peer Support in der US-amerikanischen Gesellschaft

Da die Anwendung von Peer Support in der US-amerikanischen Behindertenarbeit kein spezifisches Phänomen dieses Berufsfeldes darstellt, sondern tief in der Tradition der amerikanischen Selbsthilfebewegung verwurzelt und daraus erwachsen ist, ist es hilfreich, einen Blick auf die Ursprünge und Anwendungsfelder des Peer Support in der US-amerikanischen Gesellschaft zu werfen.

Erste Formen von Peer Support

Genau genommen zieht sich das Prinzip des Peer Support durch alle Stadien der Geschichte der Menschheit und so auch durch die amerikanische Geschichte. Menschen mit ähnlichen Schwierigkeiten haben sich immer wieder zusammengeschlossen und sich gegenseitig bei der Überwindung ihrer Probleme unterstützt. KATZ und BENDER führen zum Beispiel an, daß Peer Support in den Gewerkschaftslokalen in der Mitte des 19. Jahrhunderts eine zentrale Rolle für die Arbeiter spielte. Sie bekamen die negativen Auswirkungen der industriellen Revolution auch in den USA anhand von langen Arbeitszeiten, schlechten Arbeitsbedingungen, niedrigen Löhnen und überfüllten Städten zu spüren. Hier konnten sie sich mit Arbeitskollegen, die ähnliche Erfahrungen machten, über ihre Arbeit und ihre Probleme austauschen und nicht nur in Extremsituationen wie Streiks und Arbeitslosigkeit Unterstützung finden.[23]

Ein anderes Beispiel der gezielten gegenseitigen Unterstützung kann ab 1880 unter den verschiedenen ethnischen Einwanderergruppen beobachtet werden. Neben den vielen Schwierigkeiten des Neuanfangs waren Einwanderer mit zunehmenden Anfeindungen und Diskriminierungen sowie einem Mangel an Verständnis von Seiten derjenigen Einwanderer, die sich schon etabliert hatten, konfrontiert worden. Dies führte zum engeren Zusammenrücken und zur gegenseitigen Unterstützung innerhalb der verschiedenen ethnischen Einwanderergruppen. So bildeten sich anfang des 20. Jahrhunderts vor allem an der Ostküste der USA Organisationen der verschiedenen Einwanderergruppen wie z. B. der Griechen und Italiener.[24]

Die Gruppen der Anonymen Alkoholiker

Der Grundstein für eine breitere und gezieltere Anwendung des Peer Support wurde jedoch von den Gruppen der *Alcoholics Anonymous* (Anonymen Alkoholiker - AA) gelegt. Was mit dem Ausspruch "Jeden Tag beginnt eine Genesung in dieser Welt, wenn sich ein Alkoholiker mit einem anderen Alkoholiker unterhält und Erfahrungen, Stärken und Hoffnungen teilt",[25] von ALCOHOLICS ANONYMOUS zum Ausdruck gebracht wird, ereignete sich im Juni 1935 in Akron, Ohio. Dort kam ein New Yorker Börsenmakler und ein Arzt aus Akron, die beide Alkoholiker waren und schon mehrere Male vergeblich versucht hatten, das Trinken aufzugeben, zusammen und fanden während verschiedener Gespräche heraus, daß ein Alkoholiker einen anderen Alkoholiker in einer Weise verstehen und beeinflussen kann, wie dies einem Nichtalkoholiker nicht möglich ist.[26]

Aufbauend auf dieser Erkenntnis und der Bereitschaft derjenigen, die einen bestimmten Grad im Umgang mit ihrem Alkoholismus erreicht haben, ihre Erfahrungen mit anderen AlkoholikerInnen auszutauschen, verbreitete sich die Idee und das Konzept der AA-Gruppen schnell über die ganze Welt. 1976 wurde die Zahl derjenigen, die an Gruppen der Anonymen AlkoholikerInnen teilnahmen, auf über 1.000.000 geschätzt, die ca. 28.000 Gruppen in mehr als 90 Ländern aufgebaut hatten.[27]

[24] vergl. ebenda; 276
[25] Alcoholics Anonymous World Services, Inc., 1976; xxi
[26] vergl. ebenda; xvi
[27] vergl. ebenda; xxi
[28] vergl. TOMS BARKER u.a., 1987; 2
[29] vergl. ebenda und DEJONG, 1982; 143 und DEJONG, 1983; 13
[30] vergl. DEGENER, 1989; 8
[31] vergl. EVANS, 1989; 289f

Die Idee des Peer Support breitet sich aus

Nachdem der Erfolg der Gruppen der Anonymen AlkoholikerInnen offensichtlich wurde, begannen auch andere soziale Gruppen das Konzept des Peer Support zu modifizieren und für ihre Zwecke zu nutzen. Obwohl die Tendenz, Gruppen zu besuchen, in den USA nicht neu ist, ist der gegenwärtige Zustrom zu Selbsthilfegruppen einzigartig. Schätzungen von 1980 haben ergeben, daß zu diesem Zeitpunkt ca. 15 Millionen US AmerikanerInnen Selbsthilfegruppen besuchten, von denen über eine halbe Million existierten.[28] Die Bandbreite der Gruppen, die Peer Support anwenden, erstreckt sich heute von den Angehörigen von AlkoholikerInnen (AL-ANON), über Gruppen von Kriegsveteranen, älteren Menschen, SpielerInnen, Homosexuellen, Studierenden, bis zu Gruppen, die sich mit Schwierigkeiten bei der Arbeitssuche, Nachbarschaftskriminalität, Tod, Kindesmißhandlung, Zigarettenrauchen oder Übergewicht (Overweight Anonymous) beschäftigen.[29]

Peer Support in der Frauenbewegung

Während die Erfahrungen der Bürgerechts- und Frauenbewegung, in denen sich auch einige Menschen mit Behinderungen engagierten, einen erheblichen Einfluß auf das Eintreten der Independent Living Bewegung für ein Anti-Diskriminierungs-Gesetz für Behinderte hatten,[30] hatten die "consciousness-raising groups" der Frauenbewegung ebenfalls einen hohen Einfluß auf die Anwendung des Peer Support in der US-amerikanischen Behindertenarbeit.

In den späten 60er und frühen 70er Jahren bildeten sich in den USA eine Vielzahl von kleinen Diskussionsgruppen, die "consciousness-raising groups" genannt wurden und mit den Frauen- oder Selbsterfahrungsgruppen der bundesdeutschen Frauenbewegung verglichen werden können. Die Erfahrungen, die Frauen während der Gespräche mit anderen Frauen machten, die alltägliche Themen wie Sexualität, Kindererziehung, Hausarbeit etc., aber auch politische Lösungen für ihre Probleme einschlossen,[31] beschreibt EVANS wie folgt:

"Immer wieder waren Individuen überrascht, zu entdecken, daß ihre Lebensweisen nicht einzigartig, sondern Teil einer grösseren Struktur sind. Die warme Unterstützung und das Verständnis

anderer Frauen ermöglichte ihnen, eine verlorene Schwesternschaft wiederzugewinnen." [32]

Durch den Austausch von alltäglichen Erfahrungen und Gefühlen entwickelten sich nicht nur Freundschaften, oder wurde der Grundstein zu persönlichen Veränderungen gelegt, sondern entdeckten Frauen auch die politische Bedeutung ihrer persönlichen Erfahrungen. So entwickelten sich die "consciousness-raising groups" zu einem zentralen Organisationswerkzeug für die Frauenbewegung, die besonders in den 70er Jahren durch die verschiedensten politischen Aktivitäten nicht nur ein neues Rollenverständnis von Frauen bewirkten,[33] sondern auch den Aufbau einer Vielzahl von alternativen Projekten von Frauen für Frauen zur Folge hatten. Frauenbuchläden, Frauencafes, Krisenzentren für Frauen usw. schossen in den USA in den 70er Jahren geradezu aus dem Boden.[34]

2. Peer Support in der Behindertenarbeit

Während sich die Idee des Peer Support also schnell ausgebreitet hatte, dauerte es geraume Zeit, bis dieser Funke auch auf die US-amerikanische Behindertenarbeit übersprang. Genau gesagt, war es die *Independent Living*-Bewegung behinderter Menschen, die mit der Überzeugung, daß Behinderte selbst am besten wissen, welches die Bedürfnisse von behinderten Menschen sind und wie diesen am besten begegnet werden kann [35] - also die besten Experten in eigener Sache sind - angetreten ist und die Idee des Peer Support in modifizierter Form in konkrete Projekte umgesetzt hat. Peer Support entwickelte sich dabei zu einem der wichtigsten Stützpfeiler der Behindertenbewegung, der es behinderten Menschen in den ganzen USA möglich macht, zusammen zu kommen, sich über ihre Bedürfnisse und Erfahrungen auszutau-

[32] ebenda; 282
[33] vergl. ebenda; 290
[34] vergl. ebenda; 293
[35] vergl. ZUKAS, 1976; 3
[36] vergl. CUPOLO CARRILLO u. a., 1985; 43
[37] vergl. CREWE u.a., 1983; 3

schen, sowie Aktivitäten für die Verbesserung ihrer Situation zu entwickeln.[36] Daher ist es für ein besseres Verständnis dieser Form der Unterstützung notwendig, sich intensiver mit der Entwicklungsgeschichte der *Independent Living*-Bewegung und deren Grundsätzen zu beschäftigen.

2.1. Die informelle Peer-Beziehung

Menschen mit Behinderungen kamen in den USA ähnlich wie in der BRD zwar schon lange vor der Etablierung der ersten *Centres for Independent Living* in Heimen, Sonderschulen, Krankenhäusern oder in der Gemeinde zusammen, unterhielten sich über ihre Situation, tauschten Informationen aus und gaben sich zuweilen moralische Unterstützung, doch geschah dies nur auf einer sehr eingeschränkten Ebene. Für RollstuhlbenutzerInnen unzugängliche öffentliche Verkehrsmittel und Gebäude, die Institutionalisierung derjenigen, die aufgrund ihrer Behinderung Persönliche Assistenz bei der Ausübung alltäglicher Tätigkeiten benötigen, als einzige öffentliche Lösung,[37] und der auch heute noch weitverbreitete Glaube, daß die unbefriedigende Lebenssituation von Behinderten das Resultat individuellen Verschuldens anstatt von unangemessenen gesellschaftlichen Rahmenbedingungen darstellt, schränkte einen offenen Austausch von Menschen mit Behinderungen erheblich ein.

So blieben unterstützende Kontakte zwischen Behinderten weitgehend dem Zufall und denjenigen überlassen, die ohnehin schon über gute Beziehungen zu anderen Behinderten verfügten, die bereit waren, über ihre Situation offen zu reden, und bewegten sich in der Regel in den von den Normen der Nichtbehinderten dominierten Bahnen, die durch Ausgrenzung, Überbehütung, Bevormundung und Diskriminierung gepflastert waren. Rollenvorbilder, die es geschafft hatten, den weitverbreiteten Stereotypen über Behinderte und den verschiedensten Einschränkungen, mit denen Behinderte tagtäglich konfrontiert sind, den Kampf anzusagen und ein selbstbestimmteres Leben zu führen, waren rar und für viele Menschen mit Behinderungen nur schwer zu finden. Die einzige Möglichkeit, die denjenigen blieb, die unzufrieden mit ihrer

Lebenssituation waren, waren in der Regel nur Gespräche mit nichtbehinderten BeraterInnen oder BetreuerInnen, denen oft das Einfühlungsvermögen in die Situation von Behinderten fehlt und die durch eigene Vorurteile, institutionelle Zwänge oder Ängste vorbelastet sind.

2.2. Die *Independent Living-Bewegung*

Im Zuge der Liberalisierung der US amerikanischen Gesellschaft, die in den 60er Jahren ihren Anfang nahm, begann sich auch die Situation von Behinderten u. a. mit der Formierung der *Independent Living-*Bewegung Behinderter grundlegend zu verändern. Zuvor war die Institutionalisierung derjenigen, die aufgrund ihrer Behinderung Unterstützung bei der Ausübung alltäglicher Tätigkeiten benötigten, die einzige öffentliche Lösung, die Behinderten zur Verfügung stand.[38] In den 50er Jahren wurden zwar erste Projekte für Menschen mit Atemlähmungen aufgebaut, die ihnen durch die Bereitstellung von unterstützenden Diensten ein Leben ausserhalb von stationären Einrichtungen ermöglichten. Diese wurden jedoch wieder eingestellt, nachdem der Spendenfluß aus dem "March of Dimes" (Pfennigparade) nach der Entdeckung der Polio-Impfung rapide zurückging und den Projekten dadurch die wichtigste Finanzierungsgrundlage verloren ging.[39]

Behinderte Studierende treten für ihre Rechte ein

Obwohl es schwierig ist, die Geburtsstunde der *Independent Living-Bewegung* genau zu benennen, verweisen die meisten AutorInnen auf

[38] vergl. ebenda
[39] vergl. LAURIE, 1982; 125f
[40] vergl. DEJONG, 1983; 8, LEVY, 1988; 3 und PFAFF, 1976; 12
[41] vergl. WEINER, 1986; 19
[42] LEVY, 1988; 9
[43] vergl. ebenda; 3
[44] KLEINFELD, 1979; 67
[45] vergl. PFAFF, 1976; 12
[46] vergl. VARELA, 1983; 42
[47] vergl. ebenda

das Jahr 1962 als Schlüsseljahr für die Entstehung der Bewegung.[40] Das *Disabled Student's Program* der University of Illinois in Champaign-Urbana ermöglichte es in diesem Jahr vier schwerbehinderten Studierenden, aus einer vom Campus isolierten Priviatklinik in dem Campus nahe gelegene und für Behinderte modifizierte Wohnungen zu ziehen; es machte so die Führung eines selbstbestimmten Lebens in der Gemeinde möglich[41] Ed Roberts, dessen Arme und Beine gelähmt sind und der ein Beatmungsgerät benötigt, erkämpfte sich ebenfalls im Jahre 1962 die Zulassung zur University of California (UC) in Berkeley, obwohl der Dekan dies mit den Worten "wir haben es mit Krüppeln versucht und es hat nicht funktioniert",[42] erst zu verhindern versucht hatte, und zog in das auf dem Campus der Universität gelegene Studentenkrankenhaus ein. Andere behinderte Studierende, die von Ed Roberts, der auch oft als Vater der *Independent Living*-Bewegung bezeichnet wird,[43] gehört hatten, erkämpften sich daraufhin in den nächsten Jahren ebenfalls die Zulassung zur UC Berkeley und nahmen ihr Studium dort auf. Was KLEINFELD mit dem Ausspruch "they make revolutions in Berkeley" [44] andeutet, nahm Ende der 60er Jahre mit der Formierung der "Rolling Quads" (die rollenden Tetraplegiker) als erster Organisation von behinderten Studierenden[45] seinen Anfang in der Behindertenbewegung.

Motiviert durch das Streben nach der Führung eines selbstbestimmten Lebens in der Gemeinde und basierend auf intensiven persönlichen Gesprächen und der daraus erwachsenen gegenseitigen Unterstützung im Rahmen der selbst initiierten Peer Support-Gruppe,[46] entwickelten die Mitglieder der Rolling Quads in den nächsten Jahren eine Vielzahl von Aktivitäten. Neben dem Eintreten für die Beseitigung von architektonischen Barrieren, baute die Gruppe im Jahre 1970 das *Physically Disabled Student's Program* an der UC Berkeley (PDSP) auf, mit dessen Unterstützung ihnen ein Leben in der Gemeinde ermöglicht wurde.[47] ED ROBERTS beschreibt diesen Prozeß wie folgt:

> *"Wir waren klug, energiegeladen und hatten gelernt, daß wenige Leute etwas ändern können; daß wir, wenn wir gut organisiert und unsere Ansichten klar sind, unser größtes Ziel, die Selbstbestimmung, erreichen könnten. [...] Aufgrund unserer eigenen Erfahrungen war es relativ leicht, die Dienstleistungen zu entwerfen, die wir*

brauchen, um ein selbstbestimmtes Leben in der Gemeinde führen zu können. [...] Wir brauchten ein Dienstleistungssystem, das unseren Bedürfnissen nach Persönlicher Assistenz, VorleserInnen, GebärdendolmetscherInnen, Interessenvertretung gegenüber den Wohlfahrtsbehörden, Rollstuhlreparatur, Informationen über rollstuhlzugängliche Wohnungen, der Beseitigung von architektonischen Barrieren, Peer Support, Beförderungs- und Arbeitsmöglichkeiten gerecht wird." [48]

Beflügelt durch die erfolgreiche Praxis des PDSP, dessen Direktor und 5 von 9 Beschäftigte selbst behindert waren,[49] war es nur noch eine Frage der Zeit, bis das erste *Centre for Independent Living* (CIL) in Berkeley im Jahre 1972 als gemeindeorientierte Organisation von Behinderten gegründet wurde und seinen Betrieb aufnahm.[50] Einige behinderte Studierende hatten zu diesem Zeitpunkt bereits ihr Studium beendet und waren nicht mehr für die Inanspruchnahme der Dienstleistungen durch die Universität berechtigt, so daß sie ein Dienstleistungssystem für die ganze Gemeinde schufen.

Eine nationale Bewegung formiert sich

Obwohl Berkeley heute oft als "Mekka der Behinderten" bezeichnet wird [51] und zweifellos über modellhafte Projekte für Behinderte verfügt, handelt es sich bei der *Independent Living*-Bewegung um eine nationale Bewegung, die sich schnell über die ganzen USA ausbreitete. So kamen Anfang der 70er Jahre auch in anderen Teilen der USA Menschen mit den verschiedensten Behinderungen zusammen und protestierten gegen die diskriminierenden Bedingungen für Behinderte und traten für

48 ROBERTS, 1985; 23
49 vergl. ZUKAS, 1976; 3
50 vergl. ebenda; 4
51 vergl. SANDFORT, 1986; 5
52 vergl. LEVY, 1988; 12f
53 vergl. ebenda; 11
54 vergl. JÜRGENS, 1986; 14ff, PAUL, 1989; 7f, DIE STÜTZE, 1990; 32f und MILES-PAUL, 1991; 26f
55 vergl. JONES u.a., 1984; 317

die Schaffung von Möglichkeiten zur Führung eines selbstbestimmten Lebens ein.

1970 formierte sich z. B. in New York City die Gruppe "Disabled in Action" (Behinderte in Aktion) um Judith Heumann, die gemeinsam mit anderen behinderten Studierenden die Long Island University unter Druck gesetzt hatte, ein Unterstützungsprogramm für behinderte Studierende aufzubauen. Die Verweigerung der Lehrerlizenz durch den *New York City Board of Education* nur aufgrund der Tatsache, daß sie nicht in der Lage ist, zu gehen, war ein Initialzünder für die Gründung von *Disabled in Action.*[52] Dem Prozeß, den Judith Heumann gegen diese Entscheidung führte und gewann, folgten eine Vielzahl von Protestaktionen, wie Demonstrationen und Strassenblokaden gegen diskriminierende Bedingungen für Behinderte in New York City und in anderen Städten der Ostküste.

Mitte der 70er Jahre hatten sich neben Berkeley und New York City Boston, Houston und Chicago zu wichtigen Zentren der *Independent Living*-Bewegung entwickelt. Dort entstanden auch zu dieser Zeit die nächsten ILP's [53] die sowohl als Anbieter einer Vielzahl von Dienstleistungen für Behinderte, als auch als Instrument für die politische Interessenvertretung von Behinderten fungierten.

Der Kampf für ein Anti-Diskriminierungs-Gesetz

Eine dieser politischen Aktivitäten, die auch von den ILP's tatkräftig unterstützt wurde, war das Engagement für die Verabschiedung des *Rehabilitation Act of 1973* (Rehabilitationsgesetzes von 1973) und besonders der Section 504 dieses Gesetzes, die eine der wichtigsten Errungenschaften der *Independent Living*-Bewegung darstellt.[54] Durch verschiedene Demonstrationen Behinderter beeinflußt, überstimmte der Kongreß am 23. September 1973 das Veto, das Präsident Nixon 1972 gegen die Verabschiedung des Gesetzes eingelegt hatte und verabschiedete Public Law 93-112,[55] das in Section 504 im Grundsatz ausführt:

> *"Kein ansonsten qualifizierter Behinderter darf nur aufgrund seiner Behinderung ausgeschlossen werden von der Teilhabe an einem Programm oder einer Aktivität, die finanzielle Unterstüt-*

zung durch den Bund erhält. Ihm dürfen weder deren Vorteile vorenthalten werden, noch darf er Diskriminierung ausgesetzt sein." [56]

Da die Regulations (Ausführungsverordnungen) für dieses Gesetz jedoch noch geschrieben werden mußten und es weiterhin vielfältige Widerstände gegen dieses Gesetz gab, bedurfte es bis zum endgültigen Inkrafttreten des Gesetzes im Jahre 1977 noch vieler Mühen, die sich über verschiedene Ebenen der politischen Arbeit erstreckten. Neben umfangreichen Kontakten, die besonders die *American Coalition of Citizens with Disabilities* (ACCD), in der sich Menschen mit verschiedenen Behinderungen zusammengeschlossen hatten, zu PolitikerInnen und Verwaltungsangestellten unterhielt, wurden zahlreiche landesweite Demonstrationen zur Unterstützung dieses Anti-Diskriminierungs-Gesetzes für Behinderte abgehalten. Diese gipfelten schließlich in einer 27tägigen[57] Besetzung des *Departments of Health, Education and Welfare* in San Francisco von mehr als 150 Behinderten, die die längste Besetzung eines öffentlichen Bundesgebäudes in der Geschichte der USA darstellt.[58]

Das Inkrafttreten dieses Gesetzes trug erheblich zur Verbesserung der Lebenssituation von Behinderten bei und stellt heute neben der Bereitstellung von Dienstleistungen wie Peer Support einen wichtigen Pfeiler für die Führung eines selbstbestimmten Lebens von Behinderten in den USA dar.

[56] JÜRGENS, 1986; 14

[57] Hinsichtlich der Anzahl der Tage, die diese Besetzung andauerte, existieren Zahlen, die von 25 bis zu 28 Tagen reichen. Da in der Literatur, in der die genauen Daten angegeben sind, Übereinstimmung darüber herrscht, daß die Besetzung vom 05. April 1977 bis zum 1. Mai 1977 andauerte, ergeben sich 27 Tage. Vgl. ERVIN, 1986; 17, LEVY, 1988; 17 und OWEN, 1987; 8

[58] vergl. ERVIN, 1986; 17, LEVY, 1988; 17, OWEN, 1987; 8f und SCOTCH, 1984; 113ff

[59] vergl. LEVY, 1988; 19

[60] vergl. INDEPENDENT LIVING RESEARCH UTILIZATION PROJECT, 1986; Deckblatt

[61] vergl. INTERESSENVERTRETUNG SELBSTBESTIMMT LEBEN IN DEUTSCHLAND, 1991 u. MILES-PAUL, 1991

[62] vergl. SIEMENS in FRANKFURTER RUNDSCHAU vom 09.09.89 und WALDMAN, 1990 in NEWSDAY vom 05.03.90

Independent Living in den USA heute

In den 80er Jahren war die *Independent Living*-Bewegung vorrangig damit beschäftigt, die Umsetzung der im Rehabilitationsgesetz verankerten Anti-Diskriminierungs-Vorschriften voranzutreiben und behinderte Menschen über ihre Rechte aufzuklären. Zudem bildete der verstärkte Aufbau von weiteren ILP's und somit die Ausweitung der Bereitstellung von Peer Support einen weiteren Schwerpunkt der Bewegung. Trotz umfangreicher Kürzungen im Sozialbereich während der Reagan-Ära [59] gelang es der Bewegung das Netz der ILP's auszubauen, so daß 1986 bereits über 300 ILP's in den USA existierten,[60] die jedoch nicht alle den Anforderungen der Grundsätze der *Independent Living*-Bewegung entsprechen.

Mit der Verabschiedung eines weiteren Gesetzesvorhabens, dem "Americans with Disabilities Act of 1990 - ADA" (Gesetz über behinderte Amerikaner/innen von 1990), das die Diskriminierung von behinderten Menschen auch von Seiten der nicht durch Bundesmittel unterstützten Institutionen, also auch durch private Organisationen und Betriebe verbietet,[61] konnte die *Independent Living*-Bewegung Anfang der 90er Jahre einen weiteren Erfolg feiern, der grosse Veränderungen für die US-amerikanische Gesellschaft mit sich bringen wird und eine internationale Signalwirkung für die Verabschiedung ähnlicher Gesetze ausgelöst hat.[62] So schreibt dieses Gesetz z. B. vor,

- daß alle neuen Busse und Züge, Bushaltestellen und Bahnhöfe behindertengerecht gebaut werden müssen,
- daß alle neugebauten öffentlichen Einrichtungen, wie Hotels, Motels, Restaurants, Universitäten, Schulen, Kinos etc. so gestaltet werden müssen, daß sie gleichberechtigt von Behinderten ohne fremde Hilfe in Anspruch genommen werden können,
- daß bestehende öffentliche Einrichtungen so umgestaltet werden müssen, daß sie von Behinderten gleichberechtigt in Anspruch genommen werden können, sofern dadurch keine unangemessenen Härten entstehen,
- daß die telekommunikativen Einrichtungen auch von Menschen mit Sprach- und Hörbehinderungen gleichberechtigt benutzbar sein müssen und

- daß Diskriminierungen von Behinderten bei der Einstellung und der Beschäftigung im Arbeitsleben weitgehend verboten sind und sanktioniert werden.[63]

Mit Hilfe dieser gesetzlichen Regelungen, deren Verabschiedung auch in der BRD erheblich zur Formierung einer verbandsübergreifenden Bewegung für ein Gleichstellungs- und Anti-Diskriminierungsgesetz für Behinderte beigetragen hat, und vor allem aufgrund des großen Engagements der amerikanischen Behinderten selbst, gelang es, parallel zur individuellen Ermächtigung von Behinderten auch die gesellschaftliche Gleichstellung Behinderter erheblich voranzutreiben. Dadurch ist die amerikanische Behindertenbewegung dem Ziel eines selbstbestimmten Lebens von Behinderten in den USA trotz vielfältiger Probleme hinsichtlich der Sozialgesetzgebung, wie z. B. einer katastrophalen Pflegeabsicherung und einer mangelhaften Krankenversicherungsregelung, ein entscheidendes Stück näher gekommen. Auf der anderen Seite wird durch die Tatsache, daß es der amerikanischen Behindertenbewegung gelang, starke Bürgerrechtsgesetze für Behinderte durchzusetzen, deutlich, daß die Ermächtigung Behinderter dort mittlerweile schon sehr weit fortgeschritten ist, daß sich eine Vielzahl von Behinderten aktiv für ihre Rechte einsetzen. Die Verabschiedung dieser Gesetze belegt, daß Behinderung in den USA heute nicht mehr lediglich als Angelegenheit der Sozialgesetzgebung und der Wohlfahrt, sondern als Bürgerrechtsfrage gehandhabt wird.

2.3. Anbieter von Peer Support

Basierend auf den Aktivitäten der *Independent Living*-Bewegung und von progressiven Professionellen aus der traditionellen Behindertenarbeit, ist Peer Support heute in einer Vielzahl von Bereichen der US amerikanischen Behindertenarbeit ein fester Bestandteil des Dienstlei-

[63] vergl. INTERESSENVERTRETUNG SELBSTBESTIMMT LEBEN IN DEUTSCHLAND, 1991 und MILES-PAUL, 1991

[64] vergl. BRISTO, 1985; 18

[65] vergl. TOMS BARKER u.a.; 1987; 4

stungsangebotes. Um einen Überblick über diese Anbieter und die Bandbreite des Angebotes zu ermöglichen, werde ich im Folgenden auf einige Bereiche der US-amerikanischen Behindertenarbeit, in denen Peer Support praktiziert wird, eingehen.

Peer Support in *Independent Living*-Programmen

Obwohl BRISTO darauf hinweist, daß Peer Support in den Anfängen des CIL's Berkeley nicht zu den ursprünglichen Angebotsformen gehörte, was sie darauf zurückführt, daß die Gründer damals schon fertig für ein selbstbestimmtes Leben waren und Peer Support nicht mehr so dringend brauchten,[64] entwickelte sich diese Methode schnell zu einer grundlegenden Angebotsform von nahezu allen ILP's. TOMS BARKER u.a. führen z. B. aus, daß 1982 92 % der in einer nationalen Bewertung befragten ILP's angaben, daß Peer Support eine primäre Dienstleistung des Programmes darstellt, während alle Programme angaben, daß sie Peer Support anbieten.[65] Somit sind die ILP's also die wichtigsten Anbieter und Interessenvertreter für die Idee des Peer Support.

Programme für behinderte Studierende

Wie aus der Darstellung der Geschichte der *Independent Living*-Bewegung ersichtlich wird, haben behinderte Studierende und daraus resultierend auch viele Programme für behinderte Studierende erheblich zur Entwicklung dieser Bewegung beigetragen und stehen somit in der Regel auch der Methode des Peer Support positiv gegenüber. Obwohl sich auch diese Programme je nach der Region, in der sie lokalisiert sind, und der Universitäts- bzw. Collegeform z. T. erheblich voneinander unterscheiden, besteht die Aufgabe dieser Programme generell darin, all die Dienstleistungen zu erbringen, die behinderte Studierende benötigen, um zu gewährleisten, daß diese keine Diskriminierungen bei der Erlangung ihres Studienabschlusses erfahren. So sind Dienstleistungen, die sie neben Peer Support anbieten z. B. die Bereitstellung von GebärdensprachdolmetscherInnen, von VorleserInnen und von AssistentInnen, die Notizen während des Unterrichts aufzeichnen, bei Laborarbeiten oder in der Bibliothek assistieren, sowie der Verleih von Hilfsmitteln und die Sicherstellung, daß alle Veranstaltungen für Behinderte zugänglich sind.

Da in Programmen, wie z. B. dem *Disabled Students' Program* (DSP) der University of California (UC) Berkeley viele Beschäftigte selbst behindert sind und auf Erfahrungen als behinderte Studierende zurückgreifen können, sind dadurch bereits elementare Voraussetzungen für die Bereitstellung von Peer Support gegeben. Darüberhinaus haben viele Programme die Bereitstellung von Peer Support in ihren Zielen formuliert. Das *Disabled Student Center* der University of Massachusetts in Boston gibt z. B. das Angebot von Peer Support auf individueller Basis, sowie durch die Durchführung von Peer Support Gruppen, um die Selbsteinschätzung, die Selbstbestimmung und die interpersonellen Fähigkeiten der Studierenden zu verbessern, als ein Hauptziel der Organisation vor.[66]

Das DSP der UC Berkeley bietet ebenfalls regelmässige Treffen von Peer Support Gruppen für Personen mit unsichtbaren Behinderungen, sowie für Studierende mit Lernbehinderungen an. Zudem unterhielt das Programm eine Unterstützungsgruppe für Persönliche AssistentInnen, die von behinderten Studierenden angestellt werden.[67]

Peer Support in der beruflichen Rehabilitation

Die Anfänge von Peer Support in der beruflichen Rehabilitation bestanden darin, daß ehemalige KundInnen der Rehabilitationsbehörden gelegentlich darum gebeten wurden, ihre Erfahrungen hinsichtlich der Berufsanforderungen und der Vorstellungsgespräche an neue KundInnen weiterzugeben. Dieser Austausch wurde in der Regel auf informeller Ebene durchgeführt, so daß hierfür keine speziellen Pro-

[66] vergl. DISABLED STUDENT CENTER UNIVERSITY OF MASSACHUSETTS AT BOSTEN, 1988; ohne Seitenzahl

[67] vergl. O'HARA, 1988; ohne Seitenangabe

[68] vergl. SAXTON, 1983; 172f und STUDY GROUP ON PEER COUNSELING AS A REHABILITATION RESOURCE, 1981; 6

[69] vergl. STUDY GROUP ON PEER COUNSELING AS A REHABILITATION RESOURCE, 1981; 6ff

[70] vergl. ebenda; 12f

gramme bestanden. Gelegentlich wurden behinderte BeraterInnen oder behinderte ArbeitsvermittlerInnen eingestellt, was hauptsächlich in Behörden, die Angebote für blinde Personen anbieten, der Fall war.[68]

Beeinflußt durch die neuen Ansätze der *Independent Living*-Bewegung und die Verabschiedung von Gesetzen, die einen grossen Einfluß auf die Bereitstellung von Peer Support haben, wie beispielsweise die 1978 vollzogene Änderung des Rehabilitationsgesetzes (*Rehabilitation Act*) und der dadurch durchgeführten Konstituierung des Title VII, der besondere finanzielle Förderungen für diesen Bereich vorsieht, hielt die Methode des Peer Support auch zusehens Einzug in die Dienstleistungspalette der Rehabilitationsbehörden. Umfragen und Forschungen in diesem Bereich wie z. B. von der STUDY GROUP ON PEER COUNSELING AS A REHABILITATION RESOURCE (1981) waren die Folge. So weist diese u. a. darauf hin, daß gemäß einer Befragung aller Staatsdirektoren der Rehabilitationsbehörden, die vom URBAN INSTITUTE zu Beginn der 80er Jahre durchgeführt wurde, 80% der Direktoren der staatlichen Rehabilitationsbehörden aussagten, daß Peer Support eine wesentliche Dienstleistungskomponente für die Rehabilitation Behinderter darstellt.[69]

Peer Support hat sich somit auch in den Behörden der beruflichen Rehabilitation etabliert, so daß dies zusehens entweder direkt durch die Behörde oder mittels eines Vertrages mit anderen Organisationen, wie z. B. einem ILP, durchgeführt wird.[70]

Organisationen für Sehgeschädigte

Ein weiterer Bereich, in dem Peer Support mittlerweile breite Anwendung findet, stellen einige Organisationen, die Dienstleistungen für Sehgeschädigte anbieten, dar. Besonders in Bereichen, in denen es um das Lehren von Fähigkeiten zur Führung eines selbstbestimmten Lebens geht, werden zusehens Personen eingesetzt, die selbst sehbehindert oder blind sind.

Die *American Federation for the Blind* ist eine dieser Organisationen, die Kurse zum Erlernen der Fähigkeiten zum selbstbestimmten Leben anbietet, in denen sowohl Personen, deren Sehschädigung neu eingetreten ist, als auch diejenigen, die schon länger über ihre Sehschädigung verfügen und ihren Grad an Selbstbestimmung erhöhen wollen, oft in Übergangswohnsituationen unterrichtet werden. Hierbei nimmt die Idee des Peer Support und der damit verbundene Umgang mit den behinderungsbedingten Erfahrungen und Diskriminierungen, wie er von der *Independent Living*-Bewegung entwickelt wurde, jedoch einen geringeren Raum ein, als dies in den ILP's der Fall ist. So steht das Erlernen der praktischen Fähigkeiten in der Regel hauptsächlich im Vordergrund.

Peer Support in der medizinischen Rehabilitation

Hinsichtlich der Anwendung von Peer Support in der medizinischen Rehabilitation konnte ich während meiner Forschungen nur wenige Programme ausfindig machen, in denen Peer Support direkt von Kliniken angeboten wird. So wird diesem Aspekt in der Literatur ebenfalls keine besondere Beachtung geschenkt. Gerade aufgrund der heftigen Kritik am medizinischen Umgang mit Behinderung erscheint mir Peer Support in diesem Bereich als integrierte Dienstleistung jedoch besonders wichtig.

Beispiele solcher Programme, die ich auf diesem Gebiet ausfindig machen konnte, sind in der *Disabled Community Health Clinic* im Herrick Hospital in Berkeley und in der Augenklinik der UC Berkeley lokalisiert. Während in der Augenklinik eine fortlaufende Peer Support-Gruppe für Sehbehinderte und ihre Angehörigen abgehalten und von einer nichtbehinderten Beschäftigten der Klinik angeleitet wird, beschäftigt das Herrick Hospital eine behinderte Peer-Unterstützerin, die sowohl Einzelunterstützung, als auch Peer Support-Gruppen für Behinderte anbietet. Diese Beschäftigte des Herrick Hospitals hat auch

[71] Der Begriff "Koordination" von Gruppen trifft die Arbeitsweise wie Selbstbehauptungs- und Gesprächsgruppen von mir koordiniert werden, wesentlich besser, als das traditionelle Wort "Leiten", das dem Selbsthilfegedanken, bei dem jede/r GruppenteilnehmerIn lernen soll, selbst so viel Verantwortung wie möglich zu übernehmen, z. T. entgegensteht. Der Prozeß der Selbstbestimmung muß bereits in der Gruppe beginnen.

[72] vergl. CUPOLO CARRILLO u.a., 1985, STUDY GROUP ON PEER COUNSELING AS A REHABILITATION RESOURCE, 1981; 11 und VEREIN ZUR FÖRDERUNG DER AUTONOMIE BEHINDERTER, 1991

schon mehrere Veranstaltungen zu gesundheitsbedingten Themen in Zusammenarbeit mit dem CIL Berkeley organisiert.

2.4. Themen im Peer Support

Da das Vorhandensein von Behinderungen und besonders der gesellschaftliche Umgang mit diesen eine Vielzahl von Bereichen des täglichen Lebens berührt, ist die Bandbreite der Themenbereiche, die im Prozeß des Peer Support behandelt werden, außerordentlich groß. Das Feld reicht von der einfachen Informationsvermittlung bis zum Beratungsprozeß, der sich manchmal über Jahre hinweg erstreckt und die vielfältigsten Bereiche des täglichen Lebens berührt. Im Prinzip kommt hier alles zur Sprache, was Behinderte beschäftigt. Aus der Vielzahl dieser Themenbereiche werde ich im Folgenden einige aufgreifen, denen im Peer Support besondere Aufmerksamkeit gewidmet wird. Dabei beziehe ich mich besonders auf die von mir selbst gemachten Erfahrungen während meiner Mitarbeit und Teilnahme an Peer Support-Gruppen in den USA und der Koordination[71] von Selbstbehauptungs- und Gesprächsgruppen im Rahmen meiner Tätigkeit beim Verein zur Förderung der Autonomie Behinderter - fab e. V. in der BRD. Diese Bereiche sind:
- die Auseinandersetzung mit der eigenen Behinderung,
- das Erlernen von sozialen Fähigkeiten,
- Selbstbehauptung
- die Erfüllung der Grundbedürfnisse,
- die Organisation der Persönlichen Assistenz,
- Behinderung und Familie, sowie
- Sexualität und Partnerschaft.[72]

Auseinandersetzung mit der eigenen Behinderung

Am Anfang des Prozesses des Peer Support steht in der Regel die Auseinandersetzung mit der eigenen Situation und der eigenen Behinderung. In einer gesellschaftlichen Atmosphäre, in der Behinderte und das Thema Behinderung weitgehend aus dem öffentlichen Bewußtsein verdrängt werden und immer noch mit Begriffen wie "Passivität," "Abhängigkeit" und "Krank-Sein" gleichgesetzt werden, ist es ausserordentlich wichtig, daß Behinderte einen Raum vorfinden, in dem eine aktive und ungestörte Auseinandersetzung mit sich selbst und mit anderen Behinderten möglich ist. So nimmt die Bestandsaufnahme der eigenen Situation und der individuellen und kollektiven Probleme in der Regel eine zentrale Rolle im Prozess des Peer Support ein, während der eigene Positionen und Sichtweisen über Behinderung und den damit zusammenhängenden Fragen diskutiert und entwickelt werden.[73]

Erlernen von sozialen Fähigkeiten

Nach CUPOLO CARRILLO u.a. äussern sich die sozialen Fähigkeiten, über die Menschen verfügen, in der Art und Weise, wie diese sich im Kontakt zu anderen Menschen verhalten.[74] Während die Erlernung dieser sozialen Fähigkeiten einen lebenslangen Prozeß darstellt und alle Menschen betrifft, ergeben sich für Behinderte oft schon in der frühen Sozialisation besondere Schwierigkeiten, durch die der natürliche Lernprozeß gehemmt wird. Sei es die Tatsache, daß Behinderte von ihren Familien überbehütet oder nicht genügend gefördert werden, sie in Sonderschulen weitgehend ohne Kontakt zu nichtbehinderten Gleichaltrigen untergebracht werden, sie nicht die Chance bekommen, draußen mit anderen Kindern zu spielen oder nicht die Möglichkeit bekommen, als Teenager bzw. Twen erste Erfahrungen mit Partnerschaft und Sexualität zu machen, so kann sich daraus ein grosses Defizit an Erfahrungen ergeben, das Behinderten den Umgang mit Anderen erschwert. Doch auch für diejenigen, die ihre Behinderung später im Leben erlangt haben, ergeben sich oft viele Schwierigkeiten beim Umgang mit ihrer Behinderung in sozialen Situationen, wie z. B. im Umgang mit FreundInnen, die sie noch aus der Zeit kennen, bevor sie die Behinderung erlangten und mit denen noch keine befriedigende Auseinandersetzung über die Veränderungen, die sich aufgrund der

[73] vergl. VEREIN ZUR FÖRDERUNG DER AUTONOMIE BEHINDERTER, 1991
[74] vergl. CUPOLO CARRILLO u.a., 1985; 115
[75] vergl. ebenda
[76] vergl. ebenda; 114

Behinderung ergeben haben, stattgefunden hat. Wie Nichtbehinderte mit der Erbringung von Hilfen umgehen und wie von Behinderten vermittelt wird, welche Tätigkeiten sie noch selbst ausüben können und wollen und wo sie Hilfe benötigen, ist ebenfalls ein immer wiederkehrendes Ärgernis und ein Unsicherheitsfaktor in sozialen Beziehungen.[75]

Der Umgang mit den gemachten Erfahrungen, die sich aus der Sozialisation in einer von Nichtbehinderten dominierten Umwelt für Behinderte ergeben, und die Verbesserung der bereits vorhandenen (sowie das Erlernen von neuen) Fähigkeiten, stehen daher im Mittelpunkt des Peer Support-Prozesses. CUPOLO CARRILLO u.a. benennen in diesem Zusammenhang drei Aspekte, die dabei besonders wichtig sind und zu deren Erlernung Behinderte im Peer Support unterstützt werden:

- *Chancen wahrnehmen*, d. h. sich in Situationen zu begeben, die neu sind oder die Angst bereiten, wie z. B. sich für eine Arbeitsstelle zu bewerben, zu einer Versammlung zu gehen oder einen Fremden nach dem Weg zu fragen. Die Förderung des Glaubens an sich selbst und an die eigenen Fähigkeiten und Kräfte ist in diesem Prozeß oft der erste und wichtigste Schritt.
- *Sich Selbst Sein*, d. h. so zu agieren und sich so auszudrücken, wie es die einzelnen Behinderten selbst für richtig halten, auch wenn dabei nicht immer das Ergebnis erreicht wird, das erhofft wurde. Die Entwicklung eines positiven Selbstbildes von sich selbst und das Abschütteln der negativen Suggestionen, die Behinderten immer wieder entgegengebracht werden, ist dabei zentral.
- *Entwicklung von Kommunikationsfähigkeiten*, dies umfaßt die Fähigkeit, eine Nachricht auszusenden, die von Anderen verstanden wird und das zu verstehen und dem zuzuhören, was andere Personen sagen.[76]

Erfüllung der Grundbedürfnisse

Der Prozeß des Peer Support unterstützt behinderte Menschen auch dabei, selbst in der Lage zu sein, ein selbstbestimmteres Leben führen und somit verstärkt die eigenen Angelegenheiten selbst regeln zu können. Hierzu ist es unbedingt notwendig, daß die wichtigsten Grundbedürfnisse erfüllt werden. Ob eine behinderte Person z. B. eine behindertengerechte Wohnung findet, ob sie finanzielle Unterstützung durch die Sozialbehörden erhält, ob sie einen passenden Arbeitsplatz findet oder ob adäquate Hilfsmittel bereit stehen, sind Fragen, die für das Leben von vielen Behinderten existentiell sind.

Im Prozeß des Peer Support wird Menschen mit Behinderungen die Gelegenheit gegeben, über all diese Aspekte mit anderen Behinderten zu reden, die ähnliche Erfahrungen gemacht haben. Neben dem Austausch über gemachte Erfahrungen, von Informationen, Ängsten und Frustrationen geht es jedoch auch darum, Handlungsalternativen zu entwickeln, die die Chancen und Lebensbedingungen der Einzelnen verbessern. So wird z. B. dem Selbstbild, das Behinderte von sich haben und damit verbunden, der Art und Weise, wie diese im Kontakt zu Anderen auftreten, grosse Bedeutung beigemessen. In Bereichen wie der Wohnungssuche, bei Gesprächen mit SozialarbeiterInnen oder besonders bei der Arbeitssuche hat das Auftreten von Behinderten und ihr Umgang mit der Behinderung einen entscheidenden Einfluß auf den Erfolg, den sie erringen werden. So ist es im Peer Support z. B. ein fester Bestandteil, daß derartige Situationen in Rollenspielen eingeübt und besprochen werden.

Begleitend zur Entwicklung der individuellen Selbstbehauptungsstrategien wird den gesellschaftlichen Rahmenbedingungen in diesem Prozeß auch erhebliche Beachtung geschenkt. Wenn es zum Beispiel zu wenig behindertengerechte Wohnungen gibt, stossen die individuellen Umgehensstrategien auf natürliche Grenzen, so daß sich häufig Initiativen für die Veränderung der gesellschaftlichen Rahmenbedingungen direkt aus dem Peer Support-Prozeß heraus entwickeln.

Organisation der Persönlichen Assistenz

Die Verfügbarkeit und effektive Organisation der Assistenz ist für viele Menschen mit Behinderungen eine zentrale Voraussetzung zur Führung eines selbstbestimmten Lebens. Wenn die gesellschaftlichen Rahmenbedingungen nicht gegeben sind, die die grundlegenden Bedürfnisse, wie z. B. nach Assistenz beim Aufstehen und zubettgehen,

[77] vergl. ebenda; 93ff

[78] vergl. ebenda; 101f

nach Arbeitsassistenz für die Ausübung eines Berufes, nach VorleserInnen für Sehgeschädigte oder nach GebärdensprachdolmetscherInnen für Hörbehinderte nicht absichern, wird der Anspruch der Selbstbestimmung Behinderter und deren gleichberechtigte Teilnahme am öffentlichen Leben zur Farce und schlichtweg weitgehend unmöglich.

Neben diesen gesellschaftlichen Rahmenbedingungen ist aber auch die Frage, inwieweit die einzelnen Behinderten in der Lage sind, mit ihren AssistentInnen adäquat umzugehen und die Dienstleistungen einzufordern, die ihnen zustehen, maßgeblich für den Grad der Selbstbestimmung, den einzelne Behinderte ausüben können. Nach Auffassung der *Independent Living-Bewegung* ist es dabei außerordentlich wichtig, daß Behinderte selbst die Kontrolle über die Dienstleistungen ausüben, die für sie ausgeführt werden, und somit selbst die ArbeitgeberInnen sind, die am besten wissen, welche Bedürfnisse sie haben und wie diesen begegnet werden kann. Die Einnahme dieser Rolle erfordert jedoch von vielen Behinderten, besonders für diejenigen, für die jahrelang in Institutionen oder im Elternhaus "gesorgt" wurde, ein Umdenken und vor allem das Erlernen von vielen neuen Fertigkeiten.[77]

Bei der Behandlung des Themenkomplexes der Persönlichen Assistenz geht es im Peer Support daher oft zuerst einmal darum, sich über die persönliche Situation und darüber, in welchen Situationen Assistenz benötigt wird oder hilfreich sein kann, bewußt zu werden. Der Austausch über Ängste, die mit der Inanspruchnahme und Organisation der Assistenz zusammenhängen oder über Vorbehalte gegen "Hilfeleistungen" von Anderen steht dabei oft im Vordergrund. Im zweiten Schritt kann dann diskutiert werden, wie diese Bedürfnisse erfüllt werden können und welche Möglichkeiten und Denkweisen es im Zusammenhang mit der Organisation der Assistenz vor Ort gibt. Hierbei sind die Erfahrungen von anderen Behinderten, die bereits die verschiedenen Formen der Assistenz in Anspruch nehmen, besonders wichtig, um einen konkreteren Einblick in die unterschiedlichen Möglichkeiten der Unterstützung zu bekommen.

In der dritten Phase des Unterstützungsprozesses geht es dann darum, die notwendigen Schritte zur Verbesserung der Unterstützung durch AssistentInnen einzuleiten und die bisherige Lebenssituation zu verändern, sofern dies von den Betroffenen beabsichtigt wird.[78] Diese

Schritte sind besonders für diejenigen Behinderten von großer Bedeutung, die eine Veränderung in ihrer Lebenssituation, wie z. B. den Auszug aus einem Heim oder aus dem Elternhaus, vornehmen wollen.

Aber auch für diejenigen, die Assistenz schon seit längerem in Anspruch nehmen, ergibt sich oft ein erheblicher beraterischer Unterstützungsbedarf. Seien es Fragen, wie die Einstellungsgespräche mit Persönlichen AssistentInnen effektiver gestaltet werden können, wie Konflikte besser gelöst, wie die Entlohnung der AssistentInnen geregelt wird oder wie die AssistentInnen besser angelernt werden können, so sind dies in der Regel sehr komplexe Fragen des Personalmanagements, bei denen viele behinderte Menschen Unterstützung benötigen.

Behinderung und Familie

Behinderte Menschen werden häufig bedingt durch das Streben ihrer Eltern, sie vor Schaden zu bewahren, als Kinder, als Jugendliche und sogar noch als Erwachsene von ihren Eltern überbehütet und der Möglichkeit beraubt, eigene Erfahrungen zu machen. Für Eltern ist es oft schwierig, einzuschätzen, was "das behinderte Kind" selbst kann, mit Schuldgefühlen umzugehen, die sich aus dem Zusammenhang mit der Behinderung des Kindes ergeben, den Realitäten, die die Behinderung des Kindes mit sich bringt, ins Auge zu sehen oder sich auch negative Gefühle gegenüber ihren behinderten "Kindern" zuzugestehen. Neben der Überbehütung werden Behinderte aber auch oft von ihren Eltern und Familien vernachlässigt, weil sie nicht als förderungswürdig angesehen werden und ihnen wesentlich weniger zugetraut wird, als sie tatsächlich leisten können oder sie keine "Vorzeigekinder" im herkömmlichen Sinne sind. Nach CUPOLO CARRILLO u.a. erzeugen diese Mechanismen häufig passives Verhalten bei vielen behinderten Menschen und bringen eine Vielzahl von Einschränkungen mit sich, mit denen viele Behinderte konfrontiert sind, wie z. B.

- dem Mangel an Erfahrung und Selbstvertrauen im Umgang mit Problemen,
- dem Mangel an Erfahrungen mit alltäglichen Tätigkeiten, wie z. B. dem Umgang mit Geld oder dem Erledigen der Einkäufe,

[79] vergl. ebenda; 105ff

- dem Mangel an Erfahrungen im Umgang mit anderen der selben Altersstufe und
- der Angst, Chancen wahrzunehmen und Risiken, die das Leben mit sich bringt, einzugehen.[79]

Neben der Unterstützung, die die Angehörigen von behinderten Menschen brauchen, geht es im Peer Support besonders darum, wie Behinderte selbst mit diesen weitverbreiteten Strukturen umgehen können. So ist der Austausch darüber, welche Gefühle und Erfahrungen Behinderte mit ihren Familien gemacht haben oft der erste Einstieg in diesen Themenkomplex. Das Aussprechen von Schuldgefühlen, aber auch des Ärgers, der gegenüber Angehörigen besteht, ist ein erster und sehr wichtiger Schritt für positive Veränderungen. Behinderte sollen dabei dazu ermächtigt werden, die meisten Verantwortungen zu übernehmen, die erwachsene Menschen in dieser Gesellschaft ausüben. Das Führen von offenen Gesprächen mit Angehörigen über die eigene Behinderung, und was sie für die einzelnen Personen bedeutet, das Eintreten für die Verringerung der Bevormundung und Überbehütung durch Angehörige oder der Entschluß, aus dem Elternhaus in eine eigene Wohnung zu ziehen, sich abzulösen, können Aktivitäten sein, die sich aus dem Unterstützungsprozeß entwickeln.

Sexualität und Partnerschaft

Während das Thema des Umgangs mit der eigenen Sexualität immer noch ein Tabu-Thema in unserer Gesellschaft darstellt, äussert sich dies für viele Behinderte besonders kraß, da ihnen die Sexualität oft gänzlich abgesprochen wird, indem sie als asexuell, sexuelle Neutren betrachtet werden. Erschwerend wirkt dabei die Tatsache, daß die sexuelle Entwicklung und das Sammeln von eigenen Erfahrungen bei vielen Behinderten durch bevormundende Institutionen mit strikten Hausordnungen oder durch überbehütende Eltern eingeschränkt und tabuisiert wird. Daher ist es besonders wichtig, daß die behinderten BeraterInnen im Rahmen des Peer Support dafür offen sind, über Fragen zu reden, die mit der Sexualität und Partnerschaft von Behinderten zusammenhängen. Grundsätzlich werden Behinderte im Prozeß des Peer Support dabei unterstützt, die Gefühle, die sie gegenüber ihrer Sexualität haben, zu verstehen und zu lernen, daß sie ihre individuelle Form der Sexualität akzeptieren und daß sie ein Recht auf Sexualität haben.[80] Dabei kann sowohl der Austausch über gängige Vorurteile, die gegenüber der Sexualität von Behinderten gehegt werden, stattfinden, als auch über konkrete Formen der sexuellen Ausdrucksweise (z. B. über die Masturbation) gesprochen werden.

Andererseits gibt es auch Themen wie das Gefühl, nicht physisch attraktiv zu sein, Einsamkeit, das Vorhandensein eines schlechten Selbstbildes, Frustrationen und Ärger im Zusammenhang mit der Partnersuche oder Schwierigkeiten bei der Kontaktaufnahme. In Gruppen, in denen Sehgeschädigte mitwirken, wird z. B. das Thema des fehlenden Blickkontaktes als Problem bei der Kontaktaufnahme und beim Flirt mit Anderen immer wieder angesprochen; mit Hilfe der Durchführung von Rollenspielen werden Handlungsalternativen entwickelt.

[80] vergl. ebenda; 110
[81] vergl. DEJONG, 1982; 151

III. Peer Support im Vergleich mit der traditionellen Behindertenarbeit

Peer Support und die Arbeitsweise der *Centres for Independent Living* unterscheiden sich erheblich von den Unterstützungsformen, die die traditionelle Behindertenarbeit anbietet und prägt. Um diese Unterschiede und somit auch das "Neue" am Peer Support und der Idee der Selbstbestimmung Behinderter deutlich zu machen, werde ich im Folgenden die Herangehensweise der traditionellen medizinischen und beruflichen Rehabilitation einer kritischen Betrachtung unterziehen und dem Konzept der Selbstbestimmt Leben-Bewegung und somit auch dem des Peer Support gegenüberstellen.

1. Merkmale der traditionellen Behindertenarbeit

Wenn ich im Folgenden auf die Merkmale der traditionellen Behindertenarbeit eingehe, beziehe ich mich dabei hauptsächlich auf die Grundzüge des Rehabilitationsparadigmas, wie es von DEJONG im Vergleich zum *Independent Living-Paradigma* entwickelt wurde. Obwohl argumentiert wird, daß zwischen der beruflichen und medizinischen Rehabilitation ausreichende Unterschiede bestehen, um sie als eigenständige Paradigmen betrachten zu können, erachtet es DEJONG in diesem Zusammenhang als angebracht, lediglich von einem Paradigma zu sprechen.[81] Eines besseren Verständnisses wegen ist es jedoch notwendig, daß ich dennoch auf die medizinische und berufliche Rehabilitation getrennt eingehe.

1.1. Die Rolle der Medizin in der Behindertenarbeit

Wie viele Menschen mit Behinderungen aus eigener Erfahrung bestätigen können, nehmen die Angehörigen der medizinischen Berufe im Leben von vielen Behinderten eine entscheidende Rolle ein. Sei es die Bewilligung von Blindengeld, die Beantragung eines Schwerbehindertenausweises, die Festsetzung des Pflegegeldsatzes oder die Entscheidung über eine langfristige stationäre Unterbringung, so sind professionelle MedizinerInnen meistens maßgeblich an den Entscheidungen beteiligt.[82]

Nach ZOLA wurde in der Vergangenheit aufgrund der Tatsache, daß behinderte Menschen dazu neigen, chronische medizinische Probleme zu haben, davon ausgegenagen, daß diese enge medizinische Betreuung brauchen. Dies hatte die Übermedizinisierung der Bedürfnisse vieler Behinderter und damit einhergehend die Mißachtung der Tatsache zur Folge gehabt, daß viele Aufgaben, wie z. B. der Umgang mit dem Katheter, ohne grössere Schwierigkeiten von vielen Behinderten selbst gelehrt und von Persönlichen AssistentInnen ohne medizinische Betreuung durchgeführt werden können.[83]

Was die Beurteilung der Selbständigkeit von PatientInnen angeht, die ausschlaggebend für den Umfang der zu bewilligenden Persönlichen Assistenz ist, kritisiert die Independent Living Bewegung die medizinische Art der Diagnostik, die nur die Kapazität, also was ein Behinderter tun kann, aber nicht die tatsächliche Verrichtung, also was ein Behinderter im täglichen Leben tatsächlich tut, berücksichtigt. Dies wird durch CORCORAN, der selbst Arzt ist, dadurch bestätigt, indem er darauf hinweist, daß es beim Lesen eines gut geschriebenen Krankenhausberichtes unmöglich wäre, herauszufinden, ob ein/e Patient/in die Toilette ohne fremde Hilfe benutzen, ein Telefongespräch führen, ein Hemd alleine anziehen oder einen Scheck selbständig ausfüllen kann.[84] Bei der augenärztlichen Begutachtung für die Bewilligung des Blindengeldes spielen Fragen nach der Mobilität und dem Grad der Entwicklung der lebenspraktischen Fertigkeiten, über die die AntragstellerInnen verfügen und die maßgeblich für den Grad der Hilfe ist, die diese in Anspruch nehmen werden, in der Regel überhaupt keine Rolle.

Ein weiterer Aspekt, der im Zusammenhang mit dem Peer Support ausserordentlich wichtig ist, ist die Kritik, die durch die *Independent Living*-Bewegung formuliert wird, daß "die dauerhafte Beteiligung der

[82] vergl. DEJONG, 1982; 145, DEJONG, 1983; 15 und MICHAEL u. a., 1984; 317
[83] vergl. ZOLA, 1983; 53
[84] vergl. CORCORAN, 1981; 6
[85] DEJONG, 1982; 145
[86] ebenda und DEJONG, 1983; 16

Medizin im Leben behinderter Menschen [...] sowohl beim Mediziner als auch beim Patienten ein Verhalten, das Abhängigkeit verursacht und so im Gegensatz zu den Zielen von Rehabilitation und *Independent Living* steht",[85] erzeugt. Zum Verständnis dieser Verhaltensweisen ist es hilfreich, den Annahmen des "medizinischen Modells", wie es DEJONG in diesem Zusammenhang versteht, und besonders der daraus häufig resultierenden Rollen des Kranken und des Behinderten genauere Aufmerksamkeit zu schenken.

Das medizinische Modell

Nach der von DEJONG dargestellten Form des medizinischen Modells, bestehen die wichtigsten Aspekte dieses soziologischen Modells aus folgenden Annahmen und Rollenerwartungen in der medizinischen Betreuung:

- *"Der Arzt ist der technisch kompetente Experte.*
- *Medizinische Versorgung sollte von einer Kette von Fachleuten durchgeführt werden, in der der Arzt der oberste Entscheidungsträger ist; die Verantwortung für die Versorgung des Patienten liegt beim behandelnden Arzt.*
- *Der 'Patient' soll die Rolle des Kranken annehmen, die von ihm verlangt, daß er mit dem medizinischen Personal zusammenarbeitet.*
- *Der Hauptzweck der Medizin besteht darin, die Versorgung im akuten Krankheitsfall und bei der Wiederherstellung der Funktionsfähigkeit zu gewährleisten.*
- *Krankheitserscheinungen werden in erster Linie dadurch behoben, daß man klinische Verfahren wie Chirurgie und Pharmakotherapie einsetzt und 'Hand anlegt'.*
- *Krankheiten können nur von ausgebildetem Personal diagnostiziert, bescheinigt und behandelt werden."* [86]

Wie sich z. B. an der Beschreibung des Hauptzweckes der Medizin zeigt, ist dieser für Behinderte, die aus medizinischer Sicht einen stabilen Zustand erreicht haben, völlig unzutreffend, da diese in der Regel weder krank sind noch aufgrund der Wiederherstellung einer Funktionsfähigkeit die Hilfe der professionellen Medizin aufsuchen und das 'Hand anlegen' ebenfalls nicht hilfreich und notwendig ist.

Die Rolle des Kranken

Besonders interessant ist in diesem Zusammenhang jedoch die Rolle des Kranken und die damit verbundenen Verhaltenserwartungen, die sich aus dem medizinischen Modell ergeben. Basierend auf dem ursprünglich von PARSONS 1951[87] entwickelten Konzept, faßt DEJONG die Rolle des Kranken in den folgenden zwei aufeinander bezogenen Komplexen von Freistellungen und Verpflichtungen zusammen:

- *"Ein Kranker ist je nach Art und Schwere der Erkrankung von 'normalen' gesellschaftlichen Aktivitäten und Verantwortlichkeiten freigestellt.*
- *Ein Kranker ist von jeder Verantwortung für seine Krankheit befreit. Er ist nicht moralisch verantwortlich für seinen Zustand und man erwartet nicht von ihm, daß er durch bloße Willensanstrengung eine Besserung herbeiführt.*

Diese Ausnahmen werden bedingt gewährt, denn umgekehrt gilt:

- *Ein Kranker ist verpflichtet, den Zustand des Krankseins als anormal und unerwünscht zu betrachten und alles zu tun, um seine Genesung zu erleichtern.*
- *Ein Kranker ist verpflichtet, sich um technisch fachkundige Hilfe zu bemühen und in seiner Genesung mit dem Arzt zu kooperieren."* [88]

Diese Rollenerwartungen können fatale Folgen im Hinblick auf die Führung eines selbstbestimmteren Lebens und die Entwicklung eines positiveren Selbstbildes von Behinderten haben. Die Erwartung, den Zustand des Krankseins, mit dem Behinderung leider noch allzu oft gleichgesetzt wird, als "anormal" und "unerwünscht" zu betrachten und alles zu tun, um seine Genesung zu erleichtern, ist dem Streben nach zunehmender Akzeptanz der Behinderung und dem Entwickeln von adäquaten Umgehensweisen mit der gegenwärtigen Behinderung geradezu entgegengesetzt. Vielmehr verstärkt sich in Fällen einer länger

[87] vergl. PARSONS, 1951; 428ff
[88] DEJONG, 1982; 147
[89] vergl. ebenda
[90] vergl. ebenda
[91] vergl. ebenda
[92] ebenda

andauernden Behinderung die Tendenz, daß der behinderte Mensch durch das Ausbleiben der erwarteten Genesung nicht nur die "Krankheit", die schließlich ein Bestandteil der Persönlichkeit darstellt, sondern die ganze Persönlichkeit als "anormal" und "unerwünscht" betrachtet.[89]

Was die Hemmung der Entwicklung zu einer selbstbestimmteren Lebensführung anbelangt, äussert sich dies in der Freistellung von "normalen" gesellschaftlichen Aktivitäten und Verantwortungen, sowie in der Enthebung von jeglicher Verantwortung für die "Krankheit" bis auf den Fakt, sich um fachkundige Hilfe zu bemühen. Diese geringen Erwartungen und die bedingte Freistellung von gesellschaftlichen Verantwortungen delegieren die Verantwortung auf die "fachkundigen HelferInnen" und ermöglichen es besonders längerfristig Behinderten, es sich in ihrem Schonraum bequem zu machen und die Entscheidungen, die für ihr Leben maßgeblich sind, anderen wie z. B. dem Arzt, der Mutter oder den BetreuerInnen zu überlassen. DEJONG zufolge enthebt die Rolle des Kranken den behinderten Menschen auf diese Weise von der Verpflichtung, sich um seine eigenen Angelegenheiten zu kümmern.[90] Die weitverbreiteten Verhaltensweisen der Überbehütung und Bevormundung von seiten der "HelferInnen" und die schlecht ausgebildeten Fähigkeiten, Entscheidungen zu treffen und Verantwortung zu übernehmen von seiten vieler Behinderter, sind ein krasser Ausdruck dieser Rollenerwartungen.

Die Behindertenrolle

Wie DEJONG weiter anmerkt, wird Kritik an der Rolle des Kranken durch das Konzept der Behindertenrolle bestätigt.[91] Die Behindertenrolle geht einen Schritt weiter als die Rolle des Kranken und "... wird einer Person zugeschrieben, deren Zustand sich kaum verbessern dürfte und die außerstande ist, die erste Anforderung der Rolle des Kranken zu erfüllen, nämlich die Pflicht, sich um eine möglichst baldige Genesung zu bemühen." [92] Während die Behindertenrolle den Behinderten somit auch von der Verantwortung in der medizinischen Behandlung mitzuarbeiten und sich um die Wiedererlangung der Gesundheit zu bemühen, entbindet, besteht der Preis dieses Nichts-Tuns nach den Worten von

SIEGLER und OSMOND jedoch darin, "... daß man eine Art von Bürger zweiter Klasse ist." [93]

Obwohl DEJONG hervorhebt, daß die Behindertenrolle keine Norm darstellt und sich nicht automatisch aus dem medizinischen Modell ergibt, so ist sie doch eine Rolle, in die ein behinderter Mensch schlüpfen darf, wenn sich die ohnehin schon reduzierten Verantwortungen der Rolle des Kranken zusehens abschwächen.[94] Dadurch können Behinderte eine Rolle einnehmen, die der eines Kindes gleichkommt und die sich oft besonders kraß in Fällen einer längeren Institutionalisierung zeigt. Den "Privilegien", das Essen serviert zu bekommen und fast ausschließlich Hobbies nachgehen zu dürfen oder auch einfach nichts zu tun, stehen in der Regel Bevormundung und kindliche Abhängigkeit gegenüber:

> *"Die Patienten werden dazu gebracht, sich nach Anweisungen und Vorschriften zu richten. Angepaßtheit wird hoch bewertet und Individualismus wird unterdrückt. Der 'gute' Patient ist derjenige, der respektvoll den Anweisungen folge leistet und sich nicht mit dem Personal anlegt. Andererseits neigt man dazu, den Patienten, der ständig nach Kleingeld für den Münzfernsprecher fragt, nach einer Briefmarke oder nach einer Ausgangserlaubnis, um private Dinge zu erledigen, als lästig und unselbständig abzustempeln. Patienten legen nicht selbst Termine fest, führen keine eigenen Krankenblätter und nehmen nicht selbständig ihre Medikamente. Aber am Tag der Entlassung soll der Patient auf einmal die Verantwortung für seine Gesundheit und sein Leben übernehmen."* [95]

[93] SIEGLER, M. / OSMOND, H.; The Sick Role Revisited. In: Hastings Center Studies 1/1973, S. 41 - 58 zit. in DEJONG, 1982; 147

[94] vergl. DEJONG, 1982; 147

[95] CORCORAN, P.; Annual Progress Report, Medical Rehabilitation Research and Training Center No. 7. Tufts-New England Medical Center, 1978; 60-70 zit. in DEJONG, 1982; 148

[96] DEJONG, 1982; 148

[97] SIEGLER, M. / OSMOND, H.; The Sick Role Revisited. In: Hasting Center Studies, 1, Nr. 3, 1973 zit. in DEJONG, 1982; 147

[98] vergl. DEJONG, 1982; 151

[99] vergl. ebenda

[100] vergl. ebenda

Die *Independent Living*-Bewegung lehnt diese kindliche Abhängigkeit, der behinderte Menschen oft ausgesetzt sind, strikt ab und setzt die "Entlastung" von den familiären, beruflichen und gesellschaftlichen Verantwortungen mit der "... Verweigerung des Rechtes behinderter Menschen auf Teilnahme am Leben der Gemeinschaft und ihres vollen Persönlichkeitsrechtes" gleich.[96] Nach SIEGLER und OSMOND bringt die Behindertenrolle einen "Verlust des vollwertigen Mensch-Seins mit sich." [97]

1.2. Grundannahmen der beruflichen Rehabilitation

Nach DEJONG wird Behinderung im Rahmen der beruflichen Rehabilitation im allgemeinen anhand einer unzureichenden Handlungsfähigkeit in bezug auf die Erfordernisse des täglichen Lebens oder anhand unzureichender Möglichkeiten zur Berufsausübung definiert.[98] Darin verkörpert sich nicht nur die Tatsache, daß der Blick vorwiegend auf die Fähigkeiten gerichtet wird, die unzureichend ausgebildet sind - also aufs Negative -, anstatt daß die Fähigkeiten, die vorhanden sind, in den Vordergrund gerückt und als Grundlage genommen würden, sondern es wird auch davon ausgegangen, daß das Problem seinen Ursprung und Ort in erster Linie beim einzelnen behinderten Menschen hat.[99] Die gesellschaftlichen Rahmenbedingungen wie z. B. die architektonische Unzugänglichkeit von Arbeitsplätzen und des Öffentlichen Personennahverkehrs, die Strukturen der Bevormundung und Diskriminierung von Behinderten oder die Vorurteile von ArbeitgeberInnen gegenüber behinderten Arbeitsuchenden rücken dabei in der Regel völlig in den Hintergrund.

Neben der einseitigen Betrachtungsweise, daß es hauptsächlich die Behinderten sind, die sich verändern und anpassen müssen,[100] findet in der Regel nochmals eine einseitige Konzentration auf die Ausbildung von Fähigkeiten, die direkt mit der Ausübung eines bestimmten Berufes zusammenhängen, statt. Fragen wie "kann ein/e Behinderte/r bei einem Vorstellungsgespräch selbstbewußt auftreten und die Besonderheiten und Bedürfnisse, die sich z. B. aufgrund der Behinderung ergeben, aufschlußreich und überzeugend darstellen", "welche lebenspraktischen Fertigkeiten bzw. Assistenzleistungen sind für eine bestimmte Stelle notwendig" oder "wie komme ich am besten mit meinen KollegInnen klar," werden in diesem Prozeß als zweitrangig betrachtet.

Traditionell war die berufliche Rehabilitation in den USA, wie in der BRD das A & O der Unterstützung von Behinderten, was vor der Entwicklung der ILP's zur Folge hatte, daß die meisten schwerbehinderten Menschen, die für den Zweck einer Beschäftigung als nicht wesentlich förderbar eingeschätzt wurden, in Pflegeheime oder an die Hintertüren der einzelnen Förderprogramme abgeschoben wurden.[101] Die Geschichte des hochgradig gelähmten Ed Roberts stellt in diesem Zusammenhang ein Paradebeispiel dar, wie schwerbehinderte Menschen auf diese Weise oft unterschätzt und benachteiligt werden. Roberts, dem ursprünglich die Unterstützung für sein Studium durch die kalifornische Rehabilitationsbehörde verweigert wurde, da er als "zu behindert um zu arbeiten" eingestuft wurde, wurde später als Direktor genau dieser kalifornischen Rehabilitationsbehörde Vorgesetzter derjenigen, die ihn einige Jahre zuvor als unvermittelbar für den Arbeitsmarkt eingestuft hatten.[102] Dementsprechend äußert sich auch ein/e behinderte Beraterin des CIL Berkeley hinsichtlich der Erfahrungen mit der einseitigen Konzentration der Rehabilitationsbehörden auf die berufliche Vermittelbarkeit wie folgt:

> *"Das ganze System wird auf der Basis von erfolgreichen beruflichen Vermittlungen und Kontingenten betrieben. Wenn sie (die Beschäftigten der Rehabilitationsbehörde d. Verf.) nicht das Gefühl haben, daß Deine Klienten berufliches Material darstellen, werden sie diese nicht akzeptieren. Die Rehabilitationsbehörde scheint nicht zu verstehen, daß die Notwendigkeit von Dienstleistungen nicht mit der Arbeit in Richtung oder besonders des Erreichens eines beruflichen Zieles beginnt oder endet."* [103]

[101] vergl. STEIN, 1978; 22
[102] vergl. LEVY, 1988; 8
[103] STEIN, 1978; 22
[104] vergl. DEJONG, 1982; 151
[105] ebenda; 148
[106] vergl. KLEE, 1985
[107] vergl. DEJONG, 1982; 148

Ähnlich wie beim medizinischen Modell soll der behinderte Mensch auch in der beruflichen Rehabilitation die Rolle des Patienten oder Klienten annehmen und es wird erwartet, daß er/sie den Rat und die Anweisungen eines Arztes, Beschäftigungstherapeuten oder Berufsberaters in Anspruch nimmt und befolgt.[104] Dadurch wird die Tendenz gefördert, daß ein behinderter Mensch auch im Bereich der Berufswahl und -ausbildung, der für den weiteren Verlauf seines Lebens enorme Bedeutung hat, die Verantwortung an Andere abgibt und sie für sich entscheiden läßt, da sie ja angeblich die Experten sind. Dies wird erheblich verschärft, indem die Förderstruktur für behinderte Menschen so angelegt ist, daß wir ständig nachweisen müssen, daß die Ausbildung, die wir absolvieren wollen, auch zu einem erfolgreichen Abschluß führt, um die Unterstützung zu bekommen, die wir brauchen.

1.3. Institutionalisierung von Behinderten

Mit dem Aufbau eines umfassenden Netzes an Unterstützungsdiensten im Bereich der beruflichen und medizinischen Rehabilitation hat sich mittlerweile auch ein umfangreiches und unheilvolles Netz an Institutionen gebildet, das eine längerfristige Institutionalisierung einer Vielzahl von Menschen mit Behinderungen bewirkt hat und fortführt. Wie DEJONG ausführt, drücken sich die Abhängigkeit schaffenden Strukturen des medizinischen Modells und der Behindertenrolle am deutlichsten im institutionellen Bereich aus.

> *"Institutionen sind in sich geschlossene soziale Systeme, die dem Personal und Fachleuten verschiedener Art die Möglichkeit geben, ein erhebliches Maß an sozialer Kontrolle auszuüben, wobei wenig Einmischung von aussen erfolgt."* [105]

Die Sterilisations- und Euthanasieaktionen während der NS-Zeit sind wohl der krasseste Ausdruck der Gefahren, die die Institutionalisierung von Angehörigen einzelner sozialer Gruppen mit sich bringen kann; sie sollten uns in diesem Zusammenhang eine Warnung sein.[106] Obwohl es mittlerweile ausreichend bekannt ist, daß eine längere Institutionalisierung negative Auswirkungen mit sich bringt,[107] wird ihr von Seiten vieler Professioneller aus der beruflichen Rehabilitation und aus dem medizinischen Bereich, sowie von den GeldgeberInnen, immer noch höhere Priorität als der ambulanten Unterstützung eingeräumt.[108] Dies wird anhand der mangelhaften Gesetze zur Finanzierung von gemeindenahen ambulanten Diensten; von behinderten ArbeitgeberInnen, die die Anstellung ihrer Persönlichen AssistentInnen selbst übernehmen; und von Beratungszentren, die behinderte und alte Menschen zur Führung eines selbstbestimmten Lebens ermächtigen, besonders deutlich.

Hervorzuheben ist in diesem Zusammenhang auch die auf finanziellem Druck basierende Tendenz von Institutionen, ihre Belegungsquote zu erhöhen und auf einem bestimmten *level* zu halten, um eine größtmögliche Auslastung und damit eine bessere finanzielle Förderung zu erreichen.[109] So wird selbstbestimmte Lebensführung von behinderten Menschen allzuoft von institutionellen Eigeninteressen, von der Angst der Beschäftigten, ihren Arbeitsplatz zu verlieren, unterlaufen. Eine Vielzahl von Menschen mit Behinderungen wird auf Kosten der SteuerzahlerInnen in Abhängigkeit, in segregierten und unwürdigen Lebensverhältnissen gehalten.[110]

2. Merkmale der Independent Living*-Bewegung*

Auf der Kritik an der traditionellen "Betreuung" Behinderter aufbauend, hat die *Independent Living*-Bewegung eine neue Denkweise und neue Grundsätze für die Behindertenarbeit entwickelt. Sie finden heute ihre Anwendung in den ILP's und bei der Erbringung des Peer Support.

[108] vergl. LAURIE, 1982; 121
[109] vergl. DEJONG, 1982; 149
[110] vergl. LAURIE, 1982; 120
[111] ZUKAS, 1976; 3, ROBERTS, 1985; 23, PAUL, 1989; 7 u. SANDFORT, 1986; 6
[112] FRIEDEN, L. / RICHARDS, L. / COLE, J. und BAILEY, D.; ILRU source book: Technical assistance manual on independent living. Houston 1979 zit. in FRIEDEN, Lex bei GIBBONS, 1981; vii

2.1. Leitlinien der ILP's

Um die Unterschiede der *Independent Living*-Bewegung und des Peer Support zur traditionellen medizinischen und beruflichen Rehabilitation zu verdeutlichen, ist es notwendig, vorweg die wichtigsten Leitlinien der Arbeit der amerikanischen ILP's zu skizzieren, bevor ich die Unterschiede der Arbeitsansätze und Denkmuster dieser Bewegung und des Peer Support vorstelle.

Basierend auf ihren Erfahrungen mit anderen sozialen Bewegungen und den Gesprächen in der Peer Support Gruppe entwickelten die behinderten Studierenden an der UC Berkeley um Ed Roberts die Grundzüge der *Independent Living Philosophy*, die die ILP's erheblich geprägt haben und heute die Unterscheidung zwischen den "echten" und "unechten" ILP's erleichtert. Diese Grundsätze wurden zum ersten Mal im Konzept für das Programm für behinderte Studierende (PDSP) an der UC Berkeley im Jahre 1970 wie folgt formuliert:

> *"1.Diejenigen, die die Bedürfnisse behinderter Menschen am besten kennen und wissen, wie diesen Bedürfnissen am besten begegnet werden kann, sind die Behinderten selbst.*
>
> *2.Den Bedürfnissen von Menschen mit Behinderungen kann am effektivsten durch eine umfassende Organisation entsprochen werden, die eine weite Palette von Dienstleistungen anbietet.*
>
> *3.Behinderte sollen soweit wie möglich in das Leben der Gemeinde integriert sein."* [111]

Obwohl erhebliche Unterschiede hinsichtlich der Organisationsstruktur, der Finanzierung, der örtlichen Gegebenheiten und der angebotenen Dienstleistungen zwischen den einzelnen ILP's bestehen, haben FRIEDEN, RICHARDS, COLE und BAILEY 1979 folgende Definition für den Begriff des *Independent Living*-Programms (ILP's) entwickelt, die in den USA weitreichend verwandt wird:

> *"Ein* Independent Living*-Programm ist ein netzwerkorientiertes Programm, in dem KundInnen eine substantielle Rolle einnehmen. Es bietet entweder direkt oder indirekt Dienstleistungen an, die notwendig sind, um schwerbehinderten Individuen bei der Steigerung ihrer Selbstbestimmung und der Minimierung unnötiger Abhängigkeiten von Anderen zu assistieren."* [112]

Aus dieser Definition und den 1970 entwickelten Grundzügen der *Independent Living Philosophy* lassen sich drei Grundsätze ableiten, die für die Arbeit der ILP's maßgeblich sind. Diese sind:

- Netzwerkorientiertheit,
- KundInnenkontrolle und
- Bereitstellung einer weiten Palette von Dienstleistungen.[113]

Von 450 Programmen, die 1978 angaben, daß sie *Independent Living*-Dienstleistungen anbieten, wurden beispielsweise nur 35 Projekte identifiziert, die alle diese Voraussetzungen erfüllten und somit für die Förderung durch *Title VII Part B* des *Rehabilitation Acts* von 1973 berechtigt waren, durch den finanzielle Unterstützungen für ILP's bereitgestellt werden.[114]

Unter der Netzwerkorientiertheit eines Programmes wird in diesem Zusammenhang verstanden, daß das ILP so konzipiert sein muß, daß es den Bedürfnissen der Bevölkerung in einem speziellen Netzwerk begegnet, in dem Netzwerk, in dem es arbeitet, verwurzelt und von den Menschen und den Resourcen dieses Netzwerks abhängig sein muß.[115] Behinderten Menschen soll dadurch eine größtmögliche Integration in das Leben des Netzwerks ermöglicht und die Aussonderung Behinderter in Sondereinrichtungen verhindert werden.

Was unter dem Einnehmen einer substantiellen Rolle der KundInnen verstanden wird, wurde mit der 1986 durch den Kongreß der USA vollzogenen Änderung des *Title VII Part B*, die das Prinzip der KundInnenkontrolle in der *Independent Living Philosophy* wiederspiegelt, genauer festgelegt. Demnach müssen Programme, die durch *Title VII Part B* unterstützt werden, über einen "leitenden Vorstand verfügen,

[113] vergl. STUDY GROUP ON IMPLEMENTATION OF INDEPENDENT LIVING PROGRAMS IN REHABILITATION, 1980; 14

[114] vergl. ebenda

[115] vergl. ebenda

[116] WILLIAMS, 1988; 13

[117] vergl. STUDY GROUP ON IMPLEMENTATION OF INDEPENDENT LIVING PROGRAMS IN REHABILITATION, 1980; 18f

[118] vergl. INDEPENDENT LIVING FORUM, 1986; 5

[119] vergl. CARR, 1987; 2

[120] vergl. EUROPEAN NETWORK ON INDEPENDENT LIVING, 1990

[121] vergl. CENTER FOR INDEPENDENT LIVING BERKELEY, 1988; Unveroeffentlichte Statistik ohne Seitenangabe

der mehrheitlich von Personen mit Behinderungen besetzt ist".[116] Die Bedingung der KundInnenkontrolle spiegelt sich in vielen Programmen auch durch einen hohen Prozentsatz von behinderten MitarbeiterInnen wieder. Gemäß einer Umfrage des *Independent Living Research Utilization Project* von 1978 verfügen ungefähr die Hälfte der ILP's über eine Mehrheit von behinderten Beschäftigten,[117] was durch eine neuere Untersuchung von 84/85 in etwa bestätigt wird.[118] CARR, der als Direktor des *Northeast Independent Living Program* in Lawrence, Massachusetts fungiert, kritisiert in diesem Zusammenhang jedoch, daß die Hälfte der ILP's, die Unterstützung durch Gelder aus dem *Title VII Part B* erhalten, die Bedingungen nicht korrekt erfüllen und in ihrem täglichen Betrieb die Prinzipien der KundInnenkontrolle und der behinderungsübergreifenden Arbeit nicht praktizieren.[119] Wie es durch das *European Network on Independent Living* - ENIL - auf europäischer Ebene bereits erfolgreich betrieben wird, wird die Weiterentwicklung der Kriterien zur Sicherstellung der größtmöglichen KundInnenkontrolle und der Schutz des Begriffes "Independent Living" auch in den USA in den nächsten Jahren notwendig sein, um die größtmögliche Einflußnahme von Behinderten auf die ILP's festzuschreiben.[120]

Der Grundsatz der Bereitstellung von einer weiten Palette an Dienstleistungen bedeutet u. a., daß die ILP's behinderungsübergreifend arbeiten und Dienstleistungen für Menschen mit den unterschiedlichsten Behinderungen anbieten müssen. Entsprechend einer Statistik des CIL Berkeley über die Zusammensetzung der KoundInnen nach ihren primären Behinderungen vom Geschäftsjahr 1987/88 lassen sich folgende Zahlen als Beispiel für diesen behinderungsübergreifenden Charakter vieler ILP's anführen:

Die 1.963 KundInnen hatten folgende Behinderungen:

Entwicklungsbehinderungen	10 %
Sehschädigungen	11 %
Hörbehinderungen	10 %
Geistige Behinderungen	17 %
Physische Behinderungen	52 %

27 % der KonsumentInnen, für die das CIL Berkeley während des Geschäftsjahres 1987/88 Dienstleistungen zur Verfügung stellte, waren mehrfach behindert.[121]

Nach LACHAT gehört Peer Support, das Trainieren von Fähigkeiten, die zur Führung eines selbstbestimmten Lebens notwendig sind, das Eintreten für die Interessen der KundInnen, die Bereitstellung von Informationen und die Weitervermittlung von KundInnen an andere Organisationen, zu den Kernangeboten der ILP's.[122]

2.2. Unterstützungsprinzipien des Peer Support

Entmedizinisierung

Beeinflußt durch die Bewegung für Entmedizinisierung und gesundheitliche Selbstverantwortung vertritt die *Independent Living*-Bewegung die Auffassung, daß der Umgang mit einer Behinderung, die in medizinischer Hinsicht einen stabilen Zustand erreicht hat, vorwiegend eine persönliche Angelegenheit und nur in zweiter Linie eine Sache der Medizin darstellt.[123] Unter der Annahme, "daß der Einzelne eine grössere Verantwortung für seine eigene Gesundheit und medizinische Fürsorge übernehmen kann und sollte,"[124] wird der Schwerpunkt auf die Weitergabe von Informationen, Beratung und den Erfahrungsaustausch über gesundheitsbedingte Themen gelegt, um auf diese Weise die Eigenverantwortlichkeit zu fördern. Das CIL Berkeley führt z. B. in Zusammenarbeit mit einem örtlichen Krankenhaus regelmässige Veranstaltungen zu Themen durch, die aus gesundheitlicher Perspektive für Behinderte interessant und wichtig sind und die meistens auch von Behinderten selbst geleitet werden.

Im Zusammenhang mit einer Studie, die in den ersten Jahren des Betriebs des Unterstützungsprjektes für behinderte Studierende an der

[122] vergl. LACHAT, 1988; 27
[123] vergl. DEJONG, 1982; 145
[124] ebenda; 144
[125] LAURIE, 1982; 128
[126] ebenda
[127] ebenda
[128] vergl. STODDARD, 1983; 288f
[129] Aussage vieler TeilnehmerInnen der Klassen zum Erlernen von Fertigkeiten für ein selbstbestimmtes Leben des CIL Berkeley zit. in FRIEDEN, 1989; 4
[130] vergl. FRIEDEN, 1989; 4

UC Berkeley erstellt wurde, verweist LAURIE auf "... die ungeheure Kraft, die in der Motivation und der eigenverantwortlichen Lebensführung liegt" [125] und stellt die These auf: "(W)enn querschnittsgelähmte Menschen für ihre Lebensbewältigung selbst verantwortlich sind und ihnen das Leben lebenswert erscheint, dann vermeiden sie Druckstellen und Harnwegsinfektionen." [126] Die Studie hatte ergeben, daß die Zahl des Auftretens von Druckstellen und Harnwegsinfektionen bei den 50 behinderten Studierenden des Programmes nahezu auf Null zurückgegangen war.[127]

STODDARD weist hinsichtlich eines Forschungsprojektes über die Effektivität der staatlich geförderten ILP's, das Ende der 70er Jahre für die kalifornische Regierung durchgeführt wurde, ebenfalls auf die positiven Aspekte hin, die ILP's auf einen verantwortlicheren Umgang der KundInnen mit ihrer Gesundheit haben. 31 % bestätigten diese positiven Einflüsse in der Untersuchung, obwohl die ILP's zu diesem Zeitpunkt keine direkten Dienstleistungen im medizinischen Bereich anboten. So konnte z. B. eine 47prozentige Verringerung der Häufigkeit von Hospitalisierung bei KundInnen der Dienstleistungen durch ILP's festgestellt werden. STODDARD u. a. nehmen an, daß durch die Bereitstellung von Dienstleistungen zum selbstbestimmten Leben erhebliche Ersparnisse der privaten und öffentlichen Kosten für das Gesundheitswesen erreicht werden können.[128]

"Ich wußte nie, daß ich eine Wahl habe" [129]

Wie FRIEDEN ausführt, ist dies eine Aussage, die sie von TeilnehmerInnen der Selbstbestimmt-Leben-Klassen, die vom CIL Berkeley regelmässig durchgeführt werden, oft zu hören bekommt.[130] Während meiner Arbeit in einer dieser Klassen konnte ich selbst erfahren, wie hier die Verhaltenserwartungen, die sich aus der Rolle des Kranken und der Behindertenrolle ergeben, strikt zurückgewiesen werden. So wurde z. B. immer wieder diskutiert, daß die TeilnehmerInnen dieser Klasse ihre Interessen und Bedürfnisse selbst äußern müssen, wenn sie wünschen, daß sie erfüllt werden.

Personen, die Dienstleistungen in Anspruch nehmen, werden in den meisten ILP's nicht als PatientInnen oder KlientInnen, sondern als KundInnen betrachtet.[131] Im Peer Support wird also den behinderten

Personen anstatt einer relativ passiven und Anweisungen folgenden Rolle eine aktive Rolle zugeschrieben, in der sie selbstverantwortlich Entscheidungen treffen, und die Rechte und Pflichten, die mit dieser Rolle einhergehen, in den Vordergrund gestellt werden. Auf diese Weise wird vielen KundInnen zum ersten Mal bewußt, daß sie für sich selbst verantwortlich sind, zwischen verschiedenen Möglichkeiten wählen und ihr Leben selbst in die Hand bzw. den Fuß [132] nehmen können. Ein/e Kunde/in des CIL Berkeley beschreibt dies wie folgt:

> *"... Das CIL war die erste Behörde, zu der ich ging, die sich um die Klientin als ein Individuum kümmert. Die Peer-UnterstützerInnen erkennen, daß Du in der Lage bist, damit zu beginnen, an Dich selbst zu glauben, wenn Dir die Möglichkeiten und eine ordentliche Unterstützung geboten werden. Ich meine, das ganze Leben lang bist Du als ein Krüppel klassifiziert worden und Du fühlst Dich nur als jemand, um den man sich kümmern muß [...] Mit der Förderung des R & D (*Research and Demonstration Project *des CIL Berkeley, d. Verf.) fand ich endlich heraus, was* ich *tun wollte. Ich brauchte eine lange Zeit, um zu erkennen, daß dies mein Leben ist, das auf dem Spiel steht und daß ich jedes Recht dazu habe, die Dinge zu tun, bei denen ich mich wohl fühle."* [133]

[131] Jedoch noch nicht alle *Independent Living-Programme* haben diese Terminologie übernommen. So wird z. B. im CIL Berkeley immer noch von "clients" gesprochen.

[132] Beeinflußt durch "Das Hand und Fuß Buch für Behinderte" von GUSTI STEINER verwende ich in diesem Zusammenhang diese Wortwahl, um darauf hinzuweisen, daß die deutsche Sprache durch die Wahl der Worte in dem Ausspruch "das Leben selbst in die Hand nehmen" einen Ausschluß derjenigen, die keine Hände haben, vornimmt. Wie in vielen anderen Fällen, wenn z. B. von "an den Rollstuhl gefesselt" oder "mit Blindheit geschlagen" gesprochen wird, kann diese gängige und oft unbewußt verwandte Wortwahl den weitverbreiteten Glauben zementieren, daß Behinderte ihr Leben eben nicht selbst in die Hand und erst gar nicht in den Fuß nehmen können, sondern sie endlosem Leiden ausgesetzt sind und wichtige Entscheidungen besser für sie getroffen werden.

[133] Konsument/in des *Research and Demonstration Project* des CIL Berkeley, zit. in STEIN, 1978; 24

[134] vergl. GIBBONS, 1981; 5

[135] vergl. LANGER / RODIN, 1977; 897

[136] vergl. ebenda

Größtmögliche Kontrolle über das eigene Leben

In diesem Zusammenhang haben eine Reihe von Untersuchungen von LANGER und RODIN und von SCHULZ und HARTMAN HANUSA mit BewohnerInnen eines Altenpflegeheimes erstaunliche Ergebnisse hervorgebracht. Die ForscherInnen untersuchten dabei den Einfluß, den der Grad an wahrgenommener Kontrolle, die ältere Menschen in ihrem Leben ausüben können, auf ihre physische und psychische Gesundheit hat.[134] Von einem Vertreter des Pflegeheimes wurde in einer Rede zu der 1. Gruppe der BewohnerInnen entschiedener Nachdruck auf die Selbstbestimmung der BewohnerInnen und deren Verantwortung für sich selbst gesetzt, während in der Rede zu der Kontrollgruppe die Verantwortung der MitarbeiterInnen für sie als PatientInnen hervorgehoben wurde. Um die Aussagen gegenüber der 1. Gruppe zu unterstützen, wurde den MitgliederInnen dieser Gruppe angeboten, daß sie sich um die Versorgung von Topfpflanzen kümmern können, während dieses Angebot der Kontrollgruppe nicht unterbreitet wurde und das Personal diese Aufgabe weiterhin durchführte.[135]

LANGER und RODIN führen aus, daß die in dieser Untersuchung ermittelten Daten eindeutig zeigen, daß die BewohnerInnen, die der ersten Gruppe zugeordnet waren, aktiver wurden und berichteten, daß sie sich glücklicher fühlten, als dies die BewohnerInnen, die der Kontrollgruppe angehörten, taten. Darüberhinaus zeigte sich bei den MitgliederInnen der 1. Gruppe eine entscheidende Zunahme an Lebhaftigkeit und verschiedenster Aktivitäten, wie z. B. dem Anschauen von Filmen, des aktiven Sozialisierens mit MitarbeiterInnen und FreundInnen, sowie duch die Teilnahme an Wettbewerben.[136]

Neben diesen positiven Veränderungen zeigt ein weiterer Aspekt dieser Untersuchungen jedoch auch in erschreckender Weise die Notwendigkeit an, daß das gegenwärtige Verständnis des "Helfens" und des "Für-Andere-Sorgens", sowie die damit einhergehenden "Hilfen", die älteren und behinderten Menschen angeboten werden, dringend verändert werden muß. Gemäß den Untersuchungen von LANGER und RODIN und von SCHULZ und HARTMAN HANUSA hat der Grad der wahrgenommenen Kontrolle über das eigene Leben einen erheblichen Einfluß auf die Gesundheit und letztendlich auch auf die Sterblichkeitsrate der in einer Langzeitstudie untersuchten BewohnerInnen von

Altenpflegeheimen gehabt.[137] In der Untersuchung von SCHULZ und HARTMAN HANUSA wurden BewohnerInnen eines Altenpflegeheimes in vier verschiedene Gruppen mit unterschiedlichem Grad an Vorhersehbarkeit und Kontrolle über die Besuche, die ihnen von Studierenden abgestattet wurden, unterteilt, und dessen Einfluß auf deren Gesundheit untersucht.[138]

Besondere Aufmerksamkeit verdient das daraus resultierende Ergebnis der Nachfolgeuntersuchung. Diese ergab, daß es zerstörerische Folgen haben kann, wenn Personen, die einmal im Besitz einer gewissen Kontrolle über ihr Leben waren, diese Kontrolle wieder verlieren. 24 Monate nach der Beendigung der Besuche hatte sich demnach der psychologische, sowie der gesundheitliche Zustand derjenigen, die über mehr Kontrolle und über ein höheres Maß an Vorhersehbarkeit der Besuche verfügten -nach erheblich höheren Meßzahlen während der Phase, in der Besuche abgestattet wurden -, wesentlich mehr verschlechtert, als der der BewohnerInnen, denen in dem Experiment überhaupt keine Kontrollmöglichkeiten über die Besuche eingeräumt wurden.[139]

Basierend auf diesen Ergebnissen erachte ich es als dringend notwendig, die gegenwärtigen Projekte und Institutionen der Behindertenarbeit auf die Frage hin zu untersuchen, inwieweit diesen Faktoren gegenwärtig Rechnung getragen und behinderten Menschen die größtmögliche Kontrolle über ihr eigenes Leben eingeräumt wird. Auch eine weitere Förderung sollte davon abhängig gemacht werden. Besonders in Bereichen, in denen mit Menschen gearbeitet wird, deren Behinderung erst vor kurzem aufgetreten ist oder sich rapide verschlechtert und somit vorerst einmal einen grossen Verlust an Kontrolle über das bisherige Leben mit sich gebracht hat, verdienen diese psychologischen Aspekte besondere Beachtung.

[137] vergl. LANGER / RODIN, 1977; 899f, SCHULZ / HARTMAN HANUSA, 1978; 1198 und GIBBONS, 1981; 6
[138] vergl. SCHULZ / HARTMAN HANUSA, 1978; 1194f und GIBBONS, 1981; 6
[139] vergl. SCHULZ / HARTMAN HANUSA, 1978; 1195ff und GIBBONS, 1981; 6f
[140] vergl. STEIN, 1978; 20

Selbstbestimmung ist kein Spaziergang durch einen Rosengarten

Da der Prozeß des Peer Support und eine selbstbestimmtere Lebensweise besonders für Behinderte, die ihr Leben lang unter den Mechanismen der traditionellen Behindertenarbeit gelebt haben und sich mit deren "Bequemlichkeiten" arrangiert haben, eine enorme Herausforderung und Veränderung darstellt, wird immer wieder darauf hingewiesen, daß es sich bei dieser Methode nicht um einen Spaziergang durch einen Rosengarten handelt. Die Wege zum selbstbestimmten Leben sind oft recht lang und nehmen zuweilen sogar recht rauhen Charakter an, während dem Unterstützung notwendig ist. Der Prozeß der Veränderung und die Führung eines selbstbestimmteren Lebens von Behinderten mit all seinen unsicheren Faktoren, Lästigkeiten und der Übernahme von vielen neuen Verantwortungen kann sehr beängstigend und kraftraubend sein. Fragen - wie "werde ich genügend Persönliche AssistentInnen finden, die mir Unterstützung beim Aufstehen und ins Bett gehen und bei der Ausübung anderer Tätigkeiten des täglichen Lebens leisten?", "was passiert, wenn ich aus dem Rollstuhl falle und niemand in der Wohnung ist?" oder "wie soll ich mit den ganzen formalen Schwierigkeiten (wie mit dem Bezahlen der Miete) zurechtkommen, ich habe das doch noch nie gemacht?" -sind reale Bedrohungen, denen sich viele behinderte Menschen gegenüber sehen und für die eine Lösung gefunden werden muß.

Obwohl den KundInnen emotionale Unterstützung angeboten wird, wird ihnen hier nichts auf einem Silbertablett vorgesetzt, sondern sie werden um eine für die meisten Menschen sehr schwierige Aufgabe gebeten, nämlich sich und ihre Verhaltensweisen zu verändern.[140]

Das Recht, Risiken einzugehen und zu scheitern

Außer dem Herausfinden, was die eigenen Bedürfnisse sind und wie sie adäquat zu artikulieren sind, müssen die KundInnen beim Peer Support in erster Linie darum gebeten werden, ihre Sichtweisen über sich selbst zu verändern; sich als gleichberechtigte TeilnehmerInnen der Gesellschaft zu betrachten, die aufgrund eigener Anstrengungen genauso in der Lage sind, Erfolge, aber auch Mißerfolge, zu erringen. Darüber hinaus wird ihnen gelehrt, einzufordern, daß die Gesellschaft sie ebenso auf diese neue Weise betrachtet.[141]

Die Überzeugung, daß behinderte Menschen durch eigene Anstrengungen in der Lage sind, sowohl Erfolge wie auch Mißerfolge zu erreichen, hat die *Independent Living*-Bewegung zur Formulierung des für die Methode des Peer Support wichtigsten Slogans veranlaßt, nämlich daß jedes Individuum ein Recht darauf hat, Risiken einzugehen und zu scheitern.[142] Nach COLE unterscheidet sich dieses Prinzip, daß Behinderten auch das Recht auf negative Erfahrungen zuspricht, die für den Lernprozeß ebenfalls ausserordentlich wichtig sind, erheblich von der Überbehütung, mit der viele behinderte Menschen konfrontiert sind in vielen Institutionen und Organisationen für Behinderte.[143]

Während viele Organisationen für Behinderte krampfhaft darum bemüht sind, jegliche Gefahr für Behinderte auszuschliessen, was sich oft in strikten und z. T. die Persönlichkeitsrechte des Einzelnen verletzenden Regeln zeigt (z. B. an Ausgangsbegrenzungen für erwachsene Menschen, begrenzte Besuchszeiten und unangemessene Kontrollen, bis hin zum Verbot des Aufenthaltes von andersgeschlechtlichen Personen in den privaten Zimmern der BewohnerInnen,[144]), werden die KundInnen im Peer Support und besonders in den Selbstbestimmt-Leben-Klassen unterstützt, durch praktische Erfahrungen die Urteilskraft und den gesunden Menschenverstand zu verbessern.[145]

Peer-UnterstützerInnen als positive Rollenvorbilder

Wohl das wichtigste Merkmal, das die Methode des Peer Support auszeichnet, stellt die Tatsache dar, daß die behinderten BeraterInnen als positive Rollenvorbilder fungieren. Da die behinderten BeraterIn-

[141] vergl. ebenda
[142] vergl. COLE, 1983; 198
[143] vergl. ebenda
[144] vergl. DANIELS V. u.a., 1983; 7ff
[145] vergl. COLE, 1983; 198
[146] vergl. STEIN, 1978; 2
[147] vergl. SAXTON, 1983; 174
[148] vergl. STEIN, 1978; 19
[149] Peer Unterstützer/in des CIL Berkeley zit. in STEIN, 1978; 19
[150] vergl. STEIN, 1978; 19

nen bereits einen bestimmten Grad an Selbstbestimmung erreicht haben müssen, zeigen sie, daß die Führung eines selbstbestimmten Lebens für Behinderte möglich ist. Dadurch wird den KundInnen diese Möglichkeit vor Augen geführt, die ihnen vorher oft nicht einmal in den Sinn gekommen ist oder vor langer Zeit von ihnen als zu unrealistisch verworfen wurde. Nach STEIN sind die behinderten BeraterInnen eine ständige Erinnerung an das, was die KundInnen erreichen können.[146] Die Motivation, über die ein/e Kunde/in verfügt, ist ein entscheidender Faktor für den Erfolg des Peer Support und für die Entwicklung zu einer selbstbestimmteren Lebensführung.

Des weiteren bringt die Besonderheit der Rolle der Peer-UnterstützerInnen, die SAXTON mit der eines bilingual erzogenen Menschen vergleicht, der sich aufgrund seiner besonderen Erfahrungen in spezieller Weise für den Beruf des Übersetzers qualifiziert,[147] den Vorteil mit sich, daß die Peer-UnterstützerInnen einen ziemlich guten Sinn dafür haben, welche Probleme durch die Behinderung bedingt sind und welche nicht.[148] Eine behinderte Beraterin des CIL Berkeley merkt hierzu an:

> *“Durch das Fehlen von wirklichen Lösungen neigen behinderte Menschen manchmal dazu, den Versuch zu unternehmen, mit ihren Problemen zu bluffen. Es ist wichtig, Leute zu haben, die ihnen diese Bluffversuche nicht abkaufen.”* [149]

Wie STEIN anmerkt, wird es in dieser Konstellation für die KundInnen schwieriger, zu sagen: “Ich kann das nicht tun, weil ich behindert bin”, wenn die behinderten BeraterInnen genau “das” tagtäglich selbst tun.[150]

Darüber hinaus werden die KundInnen darin unterstützt, mit anderen behinderten Menschen in Kontakt zu kommen, die einen ähnlichen Prozeß durchlaufen. Auf diese Weise können sie weitere Erfahrungen und Informationen austauschen, sowie sich gegenseitig unterstützen und als positive Rollenvorbilder füreinander fungieren. Ein solcher Austausch kann in Form von organisierten Gesprächsgruppen oder Selbstbestimmt-Leben-Klassen bis hin zu Zusammenkünften auf privater Basis, bei Parties oder anderen Freizeitaktivitäten vonstatten gehen.

Ermächtigung zum Eintreten für die eigenen Rechte

Der Begriff "empowerment", der in den USA im Zusammenhang mit der Methode des Peer Support immer wieder verwendet wird, und den ich mit der Ermächtigung zum Eintreten für die eigenen Interessen übersetze, ist ein prägendes Merkmal für diese Art der Unterstützung von Behinderten. Das Eintreten für die Verbesserung der Lebenssituation sowie für die Rechte von Behinderten und ihre emotionale Unterstützung sind oft nicht voneinander zu trennen.[151] Ein Individuum, das nicht über grundlegende soziale Fähigkeiten verfügt oder ein sehr schlechtes Selbstbild hat, wird z. B. enorme Schwierigkeiten im Umgang mit potentiellen VermieterInnen, ArbeitgeberInnen oder Persönlichen AssistentInnen und somit der Erfüllung existentieller Bedürfnisse haben.

Deshalb umfassen die Dienstleistungen, die von den behinderten BeraterInnen angeboten werden, neben der emotionalen Unterstützung auch die Interessenvertretung für KundInnen; und vor allem die Aufgabe, diese durch gezielte Unterstützung in die Lage zu versetzen, selbst für ihre eigenen Interessen eintreten zu können.

> *"Im Prozeß des Überwindens des 'Systems', im Prozeß, die* Dinge *zu bekommen, auf die sie ein Anrecht haben - Notwendigkeiten wie Persönliche Assistenz, finanzielle Unterstützung und eine Wohnung - wird dem Kunden nicht nur gelehrt, daß eine Veränderung möglich ist, sondern er wird auch mit den unterstützenden Werkzeugen ausgerüstet, die zur Durchführung dieser Veränderungen notwendig sind."* [152]

Der Erfolg dieser Methode zeigt sich darin, daß eine Anzahl von Peer-Support-KundInnen aktive MitstreiterInnen der *Independent Living*-Bewegung geworden sind[153] - und somit ihre demokratischen Rechte auf einer breiten Ebene wahrnehmen.

[151] vergl. ebenda; 20
[152] ebenda; 21
[153] vergl. ebenda
[154] DEJONG, 1982; 153

3. *Rehabilitationsparadigma versus* Independent Living-*Paradigma*

Zur Veranschaulichung der unterschiedlichen Denkansätze der traditionellen Rehabilitation und des *Independent Living*-ist die folgende Gegenüberstellung besonders gut geeignet, die von DEJONG entwickelt wurde.

	Rehabilitations-paradigma	*IL-Paradigma*
Problem-definition	Körperliche Einschränkung, mangelnde Fähigkeit zur Berufsausbildung	Abhängigkeit von Fachleuten, Angehörigen etc.
Ort des Problems	Der einzelne Betroffene	Umwelt, Rehabilitationsprozeß
Problem-lösung	Fachkundiges Vorgehen von Arzt, Krankengymnast, Beschäftigungstherapeut, Berufsberater etc.	Beratung durch gleichfalls Betroffene, Rechtsbeistand, Selbsthilfe, Kontrolle durch behinderte "Kunden", Abbau architektonischer Hindernisse
Soziale Rolle	Patient/Klient	"Kunde"
Wer ist tonangebend	Fachprofi	"Kunde"
Erwünschtes Ergebnis	Größtmögliche Fähigkeiten in Bezug auf Aktivitäten des täglichen Lebens, Berufstätigkeit	Independent Living (= autonom Leben)

Aus: DEJONG, GERBEN; Independent Living: Eine soziale Bewegung verändert das Bewußtsein.[154]

IV. Peer Support in der Praxis

Wie sind die einzelnen Beratungsangebote organisiert? Wie sieht der Unterstützungsprozeß des Peer Support in der Praxis aus? Und welche Methoden werden in der Beratung von Behinderten für Behinderte angewandt? Dies sind einige Fragen, die im Zusammenhang mit dem Peer Support immer wieder gestellt werden und die für den Aufbau von ähnlichen Beratungsangeboten in der BRD eine zentrale Rolle spielen.

1. Organisationsformen

Wie die *STUDY GROUP ON PEER COUNSELING AS A REHABILITATION RESOURCE* im Rahmen einer 1981 durchgeführten Untersuchung über die verschiedenen Anwendungsformen von Peer Support feststellt, unterscheiden sich die Organisationsformen der einzelnen Peer Support-Programme in den USA erheblich voneinander,[155] so daß diese die Charaktere der einzelnen Projekte in sechs verschiedene Organisationsformen untergliedert hat. Es treten jedoch häufig Überschneidungen zwischen einzelnen Modellen auf, so daß einige Programme mehreren Kategorien zugeordnet werden können.[156] TOMS BARKER u.a. bestätigen dies, nachdem sie in einer 1985 durchgeführten nationalen Untersuchung festgestellt haben, daß es nur wenige Beispiele gibt, die strikt an einem Modell festhalten, und daß die meisten ILP's mehrere Aspekte von verschiedenen Modellen in ihren

[155] vergl. STUDY GROUP ON PEER COUNSELING AS A REHABILITATION RESOURCE, 1981; 10

[156] vergl. STUDY GROUP ON PEER COUNSELING AS A REHABILITATION RESOURCE, 1981; 10

[157] vergl. TOMS BARKER u. a., 1987; 10

[158] vergl. SAXTON, 1983; 175

[159] vergl. SAXTON, 1983; 175 und STUDY GROUP ON PEER COUNSELING AS A REHABILITATION RESOURCE, 1981; 11

[160] vergl. STUDY GROUP ON PEER COUNSELING AS A REHABILITATION RESOURCE, 1981; 11

[161] vergl. ebenda

[162] vergl. ebenda

Peer Support-Programmen anwenden.[157] Dennoch eignet sich die folgende Untergliederung in diesem Zusammenhang gut, um einen Überblick über die verschiedenen Herangehensweisen an die Bereitstellung von Peer Support zu bieten.

Das herkömmliche Modell

Das herkömmliche Modell ist die am häufigsten in den US amerikanischen ILP's und besonders in Großstädten gewählte Organisationsform von Peer Support-Programmen und wird z. B. im *Houston Centre for Independent Living* und im *Lawrence Centre for Independent Living* in Kansas praktiziert.[158] Die Art der Beschäftigung der Peer-UnterstützerInnen kann sowohl auf Vollzeit- oder Teilzeitbasis erfolgen; die Treffen mit den KundInnen, die zum Großteil im ILP durchgeführt werden, finden in der Regel wöchentlich oder alle zwei Wochen in einem regelmäßigen Rhythmus statt.[159]

Die Peer-UnterstützerInnen, die oft nicht über einen akademischen Abschluß verfügen müssen, arbeiten unter der engen Anleitung von professionellen BeraterInnen, die als KoordinatorInnen fungieren und die Zuordnung der KundInnen zu den verschiedenen Peer-UnterstützerInnen übernehmen.[160] Neben internen Schulungen, die in vielen Programmen für die Peer-UnterstützerInnen durchgeführt werden, finden regelmässige Teambesprechungen mit den AnleiterInnen statt.[161]

Die Informationen, die während der Peer Support-Sitzungen ausgetauscht werden, beziehen sich auf eine große Bandbreite von persönlichen Themen. Sie ergeben sich in Verbindung mit der Behinderung und umfassen Bereiche wie die Wohnsituation, den Umgang mit Persönlichen AssistentInnen, Sexualität, die soziale Interaktion, berufliche Interessen, sowie die finanzielle Situation der KundInnen.[162]

Das Außendienstmodell

Das Außendienstmodell unterscheidet sich erheblich vom herkömmlichen Modell und wird dadurch geprägt, daß die KundInnen in der Regel nicht in das ILP kommen, sondern daß Peer Support durch Hausbesuche und übers Telefon durchgeführt wird. Personen, die aufgrund von Transportschwierigkeiten, medizinischen Problemen, einschränkenden Hausordnungen in Heimen oder wegen überbeschützender Vormünder nicht in der Lage sind, den Weg zum ILP zu bewältigen, werden von den in diesem Modell oft ehrenamtlich oder auf Teilzeitbasis arbeitenden Peer-UnterstützerInnen in ihren eigenen Wohnungen, Rehabilitationseinrichtungen, Pflegeheimen oder anderen Wohnformen besucht. Dies hat zur Folge, daß Peer Support hier oft auf einer informelleren Basis z. B. in Wohn- oder Krankenzimmern praktiziert werden muß.[163]

Die Peer-UnterstützerInnen, die in derartigen Organisationsformen oft selbst KundInnen des ILP's waren oder noch sind, verfügen neben ihren behinderungsbedingten Erfahrungen in der Regel selten über eine professionelle Ausbildung, und nur über ein geringes formales Training hinsichtlich der Ausübung ihrer Arbeit. Der Grad der Anleitung, die die Peer-UnterstützerInnen in diesem Modell erfahren, unterscheidet sich zwischen den einzelnen Programmen erheblich, ist jedoch wesentlich geringer, als dies im traditionellen Modell der Fall ist. Bedingt durch den höheren Zeitaufwand und das Zurücklegen grösserer Entfernungen, muß die Häufigkeit der Besuche oft eingeschränkt werden. Die behinderten BeraterInnen sind meistens nur in der Lage, ein bis zwei Hausbesuche pro Tag abzustatten.[164]

ILP's, die diese Organisationsform für ihr Peer Support-Programm gewählt haben, sind das *South Carolina Independent Living Program* in West Columbia, SC und Stavros in Amherst, Massachusetts. Obwohl SAXTON darauf hinweist, daß sich die Anwendung dieses Modells besonders gut für ländliche Gegenden eignet,[165] findet diese Organisationsform auch in städtischen Gegenden effektive Anwendung, wo

[163] vergl. SAXTON, 1983; 175 und STUDY GROUP ON PEER COUNSELING AS A REHABILITATION RESOURCE, 1981; 12

[164] vergl. STUDY GROUP ON PEER COUNSELING AS A REHABILITATION RESOURCE, 1981; 12

[165] vergl. SAXTON, 1983; 175

[166] vergl. STUDY GROUP ON PEER COUNSELING AS A REHABILITATION RESOURCE, 1981; 12

[167] vergl. ebenda; 13

[168] vergl. SAXTON, 1983; 175

[169] vergl. ebenda; 12

[170] vgl. ebenda

gemeinsame Anstrengungen unternommen werden, um auch institutionalisierte Schwerbehinderte zu erreichen.[166]

Das Rehabilitationsmodell

Da viele Rehabilitationsbehörden festgestellt haben, daß behinderte BeraterInnen in einigen Bereichen eine wesentlich effektivere Arbeit als nichtbehinderte BeraterInnen leisten können, werden diese auch im Bereich der beruflichen Rehabilitation zunehmend eingesetzt. Behinderte BeraterInnen üben z. B. in Bereichen wie der Identifizierung und der Befriedigung von Bedürfnissen, die vor dem Eintritt in einen Beruf erfüllt werden müssen, und der Förderung der Motivation von KundInnen durch ihr Wirken als positive Rollenvorbilder für den Rehabilitationsprozeß besonders wichtige Tätigkeiten aus.[167] Dies bezieht sich besonders auf die staatlich betriebenen Rehabilitationsbehörden in Kalifornien und Illinois, die Peer-UnterstützerInnen in der Regel aus einem Pool von früheren KlientInnen auf einer unregelmässigen Basis beschäftigen.[168]

Die Peer-UnterstützerInnen, die in diesem Modell in der Regel über einen akademischen Hintergrund verfügen, werden entweder direkt von der Rehabilitationsbehörde oder durch einen speziellen Vertrag mit einem ILP beschäftigt. Dieses Modell ist in der Regel stark strukturiert und erfordert das Führen von ausführlichen Berichten. Auf die Anleitung, die normalerweise von den RehabilitationsberaterInnen durchgeführt wird, die die ursprüngliche Vermittlung vorgenommen haben, wird in diesem Modell hoher Wert gelegt, so daß diese oft auch eine periodische Fallbesprechung einschließt.[169]

Peer Support, der entweder im Büro der Rehabilitationsbehörde, der Organisation, mit dem die Rehabilitationsbehörde einen speziellen Vertrag abgeschlossen hat, oder durch Hausbesuche stattfinden kann, beschäftigt sich in diesem Modell hauptsächlich mit beruflichen Fragen, kann sich jedoch auch auf persönlichere Bereiche erstrecken. Entsprechend den Bedürfnissen der KundInnen können diese entweder dieselben BeraterInnen mehrmals oder auch verschiedene Peer-UnterstützerInnen konsultieren.[170] Die Anwendung des Peer Support in der beruflichen Rehabilitation ist einerseits ein Zeichen dafür, daß die

Independent Living Philosophy auch in der traditionellen Rehabilitation Veränderungen bewirkt hat, und bewirkt andererseits, daß behinderte BeraterInnen durch ihre Mitarbeit in diesen Behörden beginnen, das System von innen heraus zu verändern.

Das Unterrichtsmodell

Das Unterrichtsmodell ist stärker strukturiert als die anderen Modelle und findet seine Anwendung vorwiegend in städtischen Rehabilitations-, *Independent Living*- und Collegeprogrammen. Darüberhinaus wird dieses Modell auch in Institutionen angewandt, die befristete Wohnmöglichkeiten für Personen anbieten, die sich im Übergang von einer abhängigen zu einer selbstbestimmteren Lebenssituation befinden. Derartige Programme sind z. B. das *Boston Centre for Independent Living*, das *Craig Rehabilitation Centre* in Denver und das *Warm Springs Rehabilitation Institute* in Georgia.[171]

Wie der Name es schon ausdrückt, geht es in diesem Modell hauptsächlich um das Lehren von Fertigkeiten, die zur Führung eines selbstbestimmten Lebens notwendig sind, was die oft verwendete Bezeichnung der behinderten BeraterInnen als *peer educator* oder *peer tutor* unterstreicht. Die Peer-UnterstützerInnen, die entweder Vollzeit- oder Teilzeitbeschäftigte sind, leiten 10 bis 15 Trainingseinheiten pro Woche, die auf einer täglichen, wöchentlichen oder monatlichen Basis abgehalten werden. Unter der Anleitung eines Projektleiters wird den Peer-UnterstützerInnen in der Regel grosse Freiheit hinsichtlich der Entwicklung der Curricula zugebilligt. Die Trainingseinheiten können Felderkundungen, Vorträge von Personen aus den unterschiedlichsten Bereichen und audiovisuelle Präsentationen einschliessen. Die behinderten BeraterInnen, die ihre eigenen Erfahrungen mit der Gruppe teilen und in hohem Masse als Rollenvorbilder fungieren, werden nach Kritierien der individuellen Fähigkeiten, der Erfahrung oder der akade-

[171] vergl. SAXTON, 1983; 175 und STUDY GROUP ON PEER COUNSELING AS A REHABILITATION RESOURCE, 1981; 13

[172] vergl. STUDY GROUP ON PEER COUNSELING AS A REHABILITATION RESOURCE, 1981; 13

[173] vergl. ebenda

[174] vergl. SAXTON, 1983; 176

mischen Ausbildung ausgewählt und waren in der Regel selbst KundInnen des Programmes.[172]

Dem Gruppenprozeß wird in dieser Organisationsform des Peer Support besondere Bedeutung beigemessen, so daß der Unterricht in der Regel in Gruppen, die drei bis acht Personen umfassen, durchgeführt wird. Der Prozeß des Erlernens von Fertigkeiten, die zur Führung eines selbstbestimmten Lebens notwendig sind, schließt Bereiche wie das Erlernen von sozialen Fähigkeiten, die Organisation der Persönlichen Assistenz, den Umgang mit Geld, Zeiteinteilung, das Lösen von Problemen, Sexualität, Mobilität, Wohnmöglichkeiten, medizinische Notwendigkeiten, berufliche und bildungsbedingte Fragen und den Umgang mit den eigenen Funktionsfähigkeiten ein.[173]

Das Informations- und Weitervermittlungsmodell

Nach SAXTON liegt die Betonung des Informations- und Weitervermittlungsmodells auf der Bereitstellung von Informationen über die verschiedenen Dienstleistungen, die in der Gemeinde angeboten werden und umfaßt beispielsweise Bereiche wie die Verfügbarkeit von Persönlicher Assistenz, Beförderungsmöglichkeiten und die Zugänglichkeit von Gebäuden.[174]

Die Peer-UnterstützerInnen, von denen in dieser Herangehensweise nur eine geringe formale Ausbildung erfordert wird, sind mit dem Arbeitsgebiet, in dem sie arbeiten, vertraut und verfügen oft über persönliche Erfahrungen in den einzelnen Bereichen, die sie mit den KundInnen teilen. Viele Programme bieten jedoch interne Schulungen an, um die behinderten BeraterInnen mit den verschiedenen Behörden vertraut zu machen und somit sicherzustellen, daß adäquate Vermittlungen durchgeführt werden.

Die Peer-UnterstützerInnen, die in dieser Organisationsform des Peer Support entweder Teilzeit- oder Vollzeitbeschäftigte sind, erhalten einen unterschiedlichen Grad an Anleitung. In vielen Programmen wird eine umfassende Berichtsführung verlangt und häufig werden Rückmeldungen über den Erfolg der Weitervermittlung durch einen weiteren Anruf bei den KundInnen eingeholt. In anderen Fällen wird diese Methode sehr informell gehalten. Hinsichtlich der Zahl der beschäftigten Peer-UnterstützerInnen unterscheiden sich die Programme ebenfalls erheblich.[175]

Diese Organisationsform, die sich oft nur auf einen telefonischen Kontakt zwischen Peer-UnterstützerInnen und KundInnen beschränkt, läßt sich gut mit anderen Modellen verbinden und wird häufig in Verbindung mit dem herkömmlichen und dem Außendienstmodell angewandt.[176] Beispiele für die Anwendung dieses Modelles finden sich im CIL Berkeley und im *Independent Living Services Centre* in Little Rock, Arkansas.[177]

Das Netzwerkmodell

Diese Herangehensweise des Peer Support konzentriert sich hauptsächlich auf die Förderung der bereits bestehenden Unterstützungsnetzwerke (wie Familie und Freundeskreis), und bemüht sich um eine Verbesserung der Quantität und Qualität der Hilfe, die im Rahmen dieses Netzwerkes verfügbar sind. So charakterisiert sich dieses Modell durch Interaktionen zwischen Freunden, Geschwistern und Anderen, die nicht immer selbst behindert sind und auf ehrenamtlicher Basis arbeiten.[178]

Ein besonderes Training oder besondere Anforderungen an den Bildungsgrad der ehrenamtlichen Peer-UnterstützerInnen bestehen in der Regel nicht, es besteht jedoch ein Trend zu einem formalen Training für Individuen, die als natürliche Helfer identifiziert werden können. Die Struktur des Programmes und die Anleitung ist in der Regel sehr gering und bezieht sich nur selten auf die Interaktion zwischen den Peer-UnterstützerInnen und den KundInnen.[179]

[175] vergl. STUDY GROUP ON PEER COUNSELING AS A REHABILITATION RESOURCE, 1981; 14

[176] vergl. ebenda

[177] vergl. INDEPENDENT LIVING RESEARCH UTILIZATION PROJECT, 1985; 2 und SAXTON, 1983; 176

[178] vergl. SAXTON, 1983; 176 und STUDY GROUP ON PEER COUNSELING AS A REHABILITATION RESOURCE, 1981; 14f

[179] vergl. STUDY GROUP ON PEER COUNSELING AS A REHABILITATION RESOURCE, 1981; 14

[180] vergl. INDEPENDENT LIVING RESEARCH UTILIZATION, 1985; 9 und 22, SAXTON, 1983; 176 und STUDY GROUP ON PEER COUNSELING AS A REHABILITATION RESOURCE, 1981; 15

Entsprechend der *STUDY GROUP ON PEER COUNSELING AS A REHABILITATION RESOURCE* existiert diese Organisationsform oft in Wohnformen, in denen Gruppen zusammenwohnen; auch einzelne ILP's haben jedoch dieses Modell im Rahmen der Identifizierung von Unterstützungsnetzwerken gefördert, die nicht immer nur an behinderungsbedingte Themen gebunden sind. Obwohl diese Form von Peer Support überall stattfinden kann, ist die Wahrscheinlichkeit des Stattfindens während geplanter sozialer oder Freizeitveranstaltungen wesentlich höher. Dieses Modell wird vom *Independent Living*-Programm *New Horizons* in Shreveport, Loisiana und von HAIL (*Holistic Approaches to Independent Living*) in Denver angewandt.[180]

2. *Der Unterstützungsprozeß*

Auch hinsichtlich des Ablaufs des Unterstützungsprozesses im Peer Support ergeben sich erhebliche Unterschiede zwischen den einzelnen Projekten. Die Darstellung dieses Prozesses, wie sie von STEIN basierend auf einem Modellprojekt des CIL Berkeley vorgenommen wurde, stellt die beste Beschreibung in diesem Bereich dar und eignet sich sehr gut dazu, einen Einblick in den konkreten Ablauf der Unterstützung im Rahmen des Peer Support zu bieten. Gleichzeitig wird dadurch ein Überblick über die vielfältigen Aufgaben und Arbeitsbereiche gegeben, mit denen Peer-UnterstützerInnen in der täglichen Arbeit konfrontiert werden.

Hinsichtlich dieser Beschreibung über den Ablauf der Unterstützung muß jedoch berücksichtigt werden, daß es sich hierbei um ein gut strukturiertes Programm handelt und dessen Beschreibung sich auf den Prozeß der Einzelunterstützung bezieht, der sich von den anderen Settings in einigen Punkten erheblich unterscheidet.

Öffentlichkeitsarbeit

Der Durchführung einer guten Öffentlichkeitsarbeit des Peer Support-Programmes kommt besondere Bedeutung zu, da der erste Schritt des Unterstützungsprozesses darin besteht, daß die KundInnen sich über ihre eigenen Probleme, sowie über Existenz und spezifische Angebote der verschiedenen Beratungszentren bewußt werden und sich entschließen, Kontakt mit der für sie geeigneten Organisation aufzunehmen. Da die Wege, über die KundInnen von der Existenz und den Dienstleistungen eines Peer Support-Programmes erfahren, von eigenständigen Nachforschungen über die Mund-zu-Mund-Propaganda bis zur Vermittlung durch SozialarbeiterInnen, Ärzte, Familienangehörige, Rehabilitationsfachleute oder Krankenhäuser reichen, muß die Öffentlichkeitsarbeit dementsprechend breit angelegt sein.

Neben der Veröffentlichung von Berichten in Zeitschriften, im Rundfunk und Fernsehen hatte das Modellprojekt des CIL Berkeley besonderes Gewicht auf den Kontakt zu anderen Organisationen, Behörden und Institutionen sowie zu den KundInnen dieser Einrichtungen gelegt, um diese über die Dienstleistungen des Programmes zu informieren.[181] Der direkte Kontakt zu Behinderten, die in Institutionen oder in anderen abhängigen Lebenssituationen leben, ist dabei besonders wichtig, um ihnen dadurch aus erster Hand einerseits zu zeigen, daß es für Behinderte möglich ist, selbstbestimmt zu leben, und sie andererseits über die Angebote der verschiedenen Programme zu informieren.

Das Erstgespräch

Nachdem die KundInnen Kontakt mit dem Programm aufgenommen haben, vereinbaren die Peer-UnterstützerInnen einen Termin für ein Erstgespräch mit ihnen, was im Amerikanischen mit dem Begriff *intake* umschrieben wird. Dabei werden Informationen über die Situation der KundInnen, wie z. B. über das Alter, die Natur und Geschichte der Behinderung, die finanzielle Situation, über die Bereitwilligkeit und die Motivation, am Peer Support teilzunehmen, sowie über die physischen, sozialen und psychischen Bedürfnisse der KundInnen gesammelt.[182] Darüber hinaus werden ihnen Informationen über die Angebote des Beratungszentrums und den Verlauf des Unterstützungsprozesses

[181] vergl. STEIN, 1978; 8
[182] vergl. ebenda
[183] vergl. ebenda
[184] vergl. ebenda; 9
[185] vergl. ebenda

gegeben, damit sie einen genaueren Überblick über ihre Situation bekommen und entscheiden können, ob sie eine längerfristige Beratung in Anspruch nehmen wollen und welche Aspekte sie im Beratungsprozeß vorrangig behandeln möchten.

Andererseits ermöglicht das Erstgespräch den Peer-UnterstützerInnen eine bessere Einschätzung der Situation der KundInnen und wie sie durch Peer Support verbessert werden könnte.[183] In Programmen, in denen neben Peer Support auch noch andere Dienstleistungen angeboten werden, kann mit Hilfe des Erstgespräches zudem eine Weitervermittlung an andere Abteilungen innerhalb des Programmes erfolgen, sofern dies angebracht ist.

Zuteilung der KundInnen zu den behinderten BeraterInnen

Wenn eine Übereinkunft darüber getroffen wurde, daß Peer Support eine hilfreiche Form der Unterstützung darstellt, besteht der nächste Schritt darin, daß die KundInnen geeigneten Peer-UnterstützerInnen zugeordnet werden. Dies geschieht in der Regel im Rahmen der in wöchentlichen Abständen durchgeführten Zusammenkünfte der Peer-UnterstützerInnen. Dabei werden Aspekte wie Geschlecht, Alter, ethnische Herkunft, Art der Behinderung und Lebenssituation berücksichtigt und die Variablen, die am wichtigsten für eine erfolgreiche BeraterIn-KundIn-Beziehung sind, bevorzugt.[184]

Da es manchmal notwendig ist, einen Wechsel der Peer-UnterstützerInnen vorzunehmen, dienen diese wöchentlichen Treffen ebenfalls dazu, derartige Themen zu diskutieren und entsprechende behinderte BeraterInnen zu finden, die KundInnen übernehmen können.[185]

Zielsetzung für den Unterstützungsprozeß

Am Anfang geht es darum, daß die Peer-UnterstützerInnen den KundInnen helfen, herauszufinden, welches die Ziele sind, an deren Verwirklichung sie im Rahmen des Peer Support arbeiten wollen. Diese Zielfestlegung stellt dann den Rahmen für die Zusammenarbeit dar. Das Festlegen der Ziele wird oft durch den Abschluß eines Vertrages formalisiert. Durch das Aufsetzen solcher Verträge, die oft in den

Worten und der Handschrift der KundInnen abgefaßt werden, sofern dies möglich ist, wird verdeutlicht, daß die Verantwortung für den Erfolg des bevorstehenden Prozesses des Peer Support von beiden Parteien geteilt wird.[186]

Darüberhinaus wird durch das einfache Formulieren der Ziele der KundInnen - z. B. "ich möchte in eine eigene Wohnung ziehen" oder "ich möchte lernen, selbstbewußter aufzutreten" - sichergestellt, daß es sich wirklich um die Ziele der KundInnen handelt, die verfolgt werden. Zudem geht es in dieser Phase darum, Prioritäten für die Verfolgung der verschiedenen Ziele zur Lösung der Probleme zu setzen.[187]

Die wichtigsten Dinge zuerst

In dieser Phase des Unterstützungsprozesses, die STEIN auch als Unterstützung zum Überleben bezeichnet, geht es darum, an den dringensten Bedürfnissen der KundInnen zu arbeiten, denen im Unterstützungsprozeß absoluter Vorrang eingeräumt wird. Das Erfüllen der existenziellen Bedürfnisse, wie das Finden einer Wohnung und von Persönlichen AssistenInnen, die Beantragung von Sozialhilfe und Pflegegeld, das Finden von Beförderungsmöglichkeiten, aber auch die Unterstützung bei drängenden persönlichen Problemen können dabei im Vordergrund stehen.[188]

In dieser Phase verbringen die Peer-UnterstützerInnen in der Regel wesentlich mehr Zeit mit den neuen KundInnen, als dies normalerweise der Fall ist, besonders wenn sich diese in einer Übergangsphase zu einem selbstbestimmteren Lebensstil befinden, z. B. wenn der Auszug aus einer Institution vollzogen wird. Die Peer-UnterstützerInnen befinden sich dabei in einer Rolle, in der sie sowohl als BeraterInnen, als auch als VerfechterInnen der Interessen der KundInnen fungieren, was von ihnen eine besondere Sensibilität hinsichtlich deren Selbstverantwor-

[186] vergl. ebenda; 15ff
[187] vergl. ebenda; 16f
[188] vergl. ebenda; 9 und 17
[189] vergl. ebenda; 17ff
[190] ebenda; 19
[191] vergl. ebenda; 19f

tung erfordert. STEIN weist in diesem Zusammenhang darauf hin, daß es bereits in diesem Stadium des Unterstützungsprozesses besonders wichtig ist, daß die BeraterInnen die KundInnen dahingehend ermutigen, daß diese so viel Knochenarbeit wie möglich selbst leisten und Aufgaben wie das Erledigen von Telefonaten, das Sammeln von Informationen, das Vereinbaren von Terminen etc. unter der Anleitung der Peer-UnterstützerInnen selbst ausüben.[189]

Grundsätzlich geht es in dieser Phase also darum, die Befriedigung der existentiellen Bedürfnisse der KundInnen zu gewährleisten und ihnen dadurch gleichzeitig beizubringen, wie sie zukünftig selbst für ihre eigenen Angelegenheiten eintreten können. Auf amerikanisch ausgedrückt, lernen sie dabei, zu sagen: "Yes, I can do it!".[190] Darüberhinaus weist STEIN jedoch auch auf den Zusammenhang zwischen Problemen, die sich aus unerfüllten Grundbedürfnissen ergeben, und persönlichen Schwierigkeiten hin; er hebt hervor, daß die Erfahrung des Modellversuches gezeigt hat, daß Themen wie z. B. die Steigerung der Selbstachtung, die persönliche Anpassung an die Behinderung und die sozialen Fähigkeiten in diesem Zusammenhang ebenfalls berücksichtigt und behandelt werden müssen.[191]

Steigerung der persönlichen Effektivität

Nachdem die existentiellen Bedürfnisse der KundInnen befriedigt sind, geht der Unterstützungsprozeß in die nächste Phase über, die sich mit der Steigerung der persönlichen Effektivität beschäftigt, so daß Ziele der KundInnen, die damit zusammenhängen, behandelt werden können. Neben der intensiveren Beschäftigung mit den persönlichen Schwierigkeiten, an denen bereits in den vorigen Phasen zu arbeitet begonnen wurde, wird je nach der anfangs gewählten Zielsetzung der KundInnen auf folgende Bereiche näher eingegangen:
- Die Ausbildung der Fähigkeiten für ein selbstsicheres Auftreten,
- Unterstützung zur Erlangung der Fertigkeiten, die die Grundlage für berufliche Beschäftigungsfähigkeit bieten,
- die Entwicklung von Fertigkeiten, die zur Führung eines selbstbestimmten Lebens notwendig sind, wie z. B. die Organisation der Persönlichen Assistenz und das Zurechtkommen mit den Finanzen,

- Unterstützung bei sexuellen Fragen und
- die Verbesserung der sozialen Fähigkeiten.[192]

Abschluß des Unterstützungsprozesses

Der Abschluß des Unterstützungsprozesses erfolgt in der Regel dann, wenn die KundInnen die Ziele erreicht haben, die sie sich gesetzt hatten, und gegenwärtig keine neuen Ziele vorhanden sind, an denen sie im Rahmen des Peer Support arbeiten wollen. Dies kann z. B. dann der Fall sein, wenn sie den Übergang von einer relativ abhängigen in eine selbstbestimmtere Lebensform vollzogen und gelernt haben, die damit verbundenen Tätigkeiten zukünftig selbst zu bewältigen; wenn sie gelernt haben, ihre Bedürfnisse besser auszudrücken und sich selbstbewußter zu präsentieren; wenn sie die Organisation ihrer Persönlichen Assistenz durchführen können oder das Ziel, eine höhere Schule zu besuchen, erreicht wurde.

Andererseits kann der Unterstützungsprozeß jedoch auch beendet werden, wenn die KundInnen wenig Interesse am Peer Support oder an der Erfüllung der abgeschlossenen Verträge zeigen. STEIN merkt hierzu jedoch an, daß dies in der Regel in gegenseitiger Übereinstimmung geschieht. Im Falle eines vorzeitigen Abschlusses der Beratung wird einerseits ermittelt, ob die KundInnen wirklich am Peer Support teilnehmen wollen, und wenn dies nicht der Fall ist, andererseits Raum und Zeit für neue KundInnen geschaffen werden kann.[193]

Der Abschluß des Unterstützungsprozesses bedeutet nicht, daß die KundInnen nicht zu einer späteren Zeit erneut Peer Support in Anspruch nehmen können, wenn sich Probleme in ihrem Leben ergeben, für deren Lösung sie diese Form der Unterstützung wählen. Zudem nehmen sie nach dem Abschluß der Einzelunterstützung oft noch andere Dienstleistungen des Beratungszentrums in Anspruch, wie z. B. die Vermittlung von Persönlichen AssistentInnen oder die Rechtsberatung, sofern dies angeboten wird.[194]

[192] vergl. ebenda; 18f
[193] vergl. ebenda; 11
[194] vergl. ebenda
[195] vergl. CUPOLO CARRILLO u.a., 1985; 42ff und COLE, 1983; 187ff
[196] vergl. TOMS BARKER u.a., 1987; 29

3. Didaktische Rahmenbedingungen

Trotz erheblicher Unterschiede zwischen den einzelnen Peer Support Programmen lassen sich eine Reihe von didaktischen Merkmalen identifizieren, die für einen Großteil der Programme als Rahmen dienen und deren Grundzüge ich im Folgenden darstellen werde. Dabei stehen die Settings, in denen Peer Support bereitgestellt wird, die Kommunikationsfähigkeiten, die von den UnterstützerInnen eingesetzt werden sollten, und einzelne Unterstützungsmethoden im Mittelpunkt.

3.1. Settings

Hinsichtlich der Settings, in denen Peer Support in den verschiedenen Programmen angeboten wird, konnte ich folgende fünf verschiedene Formen ausmachen:

- Einzelberatung,
- Peer Support Gruppen,
- das Lehren von Fähigkeiten zum selbstbestimmten Leben,
- Workshops und
- die Bereitstellung von Dienstleitstungen für Behinderte durch Behinderte.[195]

TOMS BARKER u.a. führen aus, daß die meisten ILP's trotz bestimmter Schwerpunktsetzungen Peer Support sowohl auf individueller Basis als auch in Gruppen anbieten. Darüberhinaus verweisen sie darauf, daß viele ILP's anscheinend dazu neigen, mit den einzelnen Formen der Settings zu experimentieren und auf diesem Wege die für die Art ihres Programmes, das Netzwerk und die Zusammensetzung der KundInnen am besten geeignete Schwerpunktsetzung zu erreichen.[196]

Basierend auf den Vorschlägen von CUPOLO CARRILLO u. a. sollten hinsichtlich der Organisation des Peer Support u. a. folgende Voraussetzungen erfüllt sein:

1. Der Treffpunkt sollte für Menschen mit den verschiedensten Behinderungen zugänglich sein.
2. Eine private Atmosphäre sollte vorhanden sein.

3. Gemütliche Sitzmöglichkeiten und eine gemütliche Atmosphäre sollten gewählt werden.
4. Die Räumlichkeiten sollten groß genug sein, um eine Gruppe bei Bedarf in Kleingruppen aufteilen zu können.
5. VorleserInnen, Persönliche AssistentInnen und GebärdendolmetscherInnen sollten bei Bedarf zur Verfügung stehen.
6. Materialien, die verwandt werden, sollten auch in Großdruck, auf Cassette oder in Brailledruck vorliegen.
7. Kassettenrecorder oder Personen, die Notizen aufschreiben, sollten ebenso bei Bedarf zur Verfügung stehen.[197]

Der Bereitstellung von optimalen Bedingungen in Bereichen, in denen behinderungsbedingte Nachteile entstehen könnten wie z. B. von GerbärdensprachdolmetscherInnen, zugänglichen Gebäuden und Braillematerialien kommt in diesem Rahmen aufgrund der Funktion des positiven Rollenvorbildes besondere Bedeutung zu. Durch die Bereitstellung von optimalen Bedingungen wird den KundInnen vermittelt, was möglich ist und wie ihre Bedürfnisse erfüllt werden können, sowie ihnen die größtmögliche Entfaltungsmöglichkeit zugebilligt.

Einzelunterstützung

Im Vergleich zu den anderen Settings ist es den Peer-UnterstützerInnen in dieser Form der Bereitstellung des Peer Support möglich, wesentlich intensiver auf die KundInnen einzugehen. Da es für TeilnehmerInnen von Peer Support-Gruppen oft schwer ist, ihre Probleme zu erkunden, bevor sich ein gegenseitiges Gefühl des Vertrauens gebildet hat,[198] ist diese Methode besonders gut für Personen geeignet, deren Situation eine intensivere Bearbeitung und Begleitung erfordert, wie z. B. bei KundInnen, die schnellstmöglich aus dem Elternhaus oder Heim ausziehen und selbstbestimmt leben wollen, oder bei Personen, die eine intensivere Unterstützung bevorzugen.

[197] vergl. CUPOLO CARRILLO u.a., 1985; 59f
[198] vergl. ebenda; 59
[199] vergl. TOMS BARKER u.a., 1987; 29
[200] vergl. ebenda
[201] vergl. CUPOLO CARRILLO u.a., 1985; 60

Andererseits kann die Form der Einzelunterstützung auch eine Erleichterung für diejenigen KundInnen darstellen, die sich in einer Gruppensituation nicht so wohl fühlen und den Kontakt mit nur einer Person vorziehen. Dies kann besonders für KundInnen, die entweder noch nicht viel Kontakt mit anderen Behinderten hatten oder deren Behinderung erst vor kurzer Zeit eingetreten ist, und die das Zusammensein mit anderen behinderten Menschen in einer Gruppe ablehnen, eine grosse Erleichterung sein.

Obwohl die Einzelunterstützung an verschiedenen Orten wie z. B. in einem ILP, in einem Krankenhaus, in einem Rehabilitationszentrum oder zu Hause bei den KundInnen stattfinden kann, sollte hier, wie bei allen anderen Settings, grosser Wert auf eine möglichst private Atmosphäre gelegt werden. Ein besonderer Beratungsraum in einem ILP, über den z. B. das CIL Berkeley verfügt, ist hierfür ideal. In ländlichen Gebieten, in denen die Durchführung von Gruppen aufgrund von Beförderungsproblemen erschwert wird, wie dies beispielsweise beim *Vermont Centre for Independent Living* in Montpeller, Vermont, der Fall ist, muß der Einzelberatung in der Regel höhere Priorität zugemessen und diese oft in den Wohnungen von KundInnen durchgeführt werden.[199]

Im CIL Berkeley beträgt die Länge der in der Regel wöchentlich stattfindenden Treffen zwischen 45 Minuten und einer Stunde, während sich die Anzahl der Sitzungen je nach Vereinbarung in einer Spanne von einmaligen Treffen bis zu Kontakten, die sich über einen längeren Zeitraum erstrecken, bewegen.

Peer Support-Gruppen

Peer Support-Gruppen, die ebenfalls zu einem Standardangebot vieler ILP's gehören,[200] sollten sich nach den Vorschlägen von CUPOLO CARRILLO aus 8 bis 12 Personen zusammensetzen, um eine effektive Gruppenarbeit zu gewährleisten.[201] Viele Themen - z. B. das bestimmte Auftreten, Kummer und Ängste hinsichtlich des Körperimages, der Sexualität und persönlicher Beziehungen, Gefühle von Frustration und Ärger in Verbindung mit dem Stigma der Behinderung, der Erwerb von speziellen Hilfsmitteln - können in einer Gruppe, in der sowohl die Peer-UnterstützerInnen als auch die anderen KundInnen ihre Gefühle und Informationen teilen und sich gegenseitig Hilfe anbieten, am gewinnbringensten eingebracht werden.[202]

Die Struktur solcher Gruppen variiert oftmals erheblich und reicht von weniger strukturierten Treffen mit wechselnden TeilnehmerInnen und lockerem äußeren Rahmen bis zu terminlich und thematisch fest vorstrukturierten Gruppen mit festem TeilnehmerInnenkreis.

Das CIL Berkeley führte zum Beispiel eine auf acht Wochen begrenzte Peer Support Gruppe durch, die sich mit dem Themenschwerpunkt "Behinderte und Co-Abhängigkeit" beschäftigte und sich dieser Thematik durch die Auseinandersetzung mit Mythen und Märchen, in denen Behinderte vorkommen, annäherte. In der wöchentlich für jeweils zwei Stunden stattfindenden Gruppe, die von einer sehbehinderten Therapeutin angeleitet wurde, waren keine nichtbehinderten TeilnehmerInnen zugelassen. Die TeilnehmerInnen dieser Gruppe waren z. B. Menschen, die Sehschädigungen aufweisen, einen Rollstuhl benutzen oder chronische Schmerzen haben. Die TeilnehmerInnenzahl betrug acht Mitglieder, und nach der 2. Sitzung wurden keine weiteren TeilnehmerInnen mehr aufgenommen. Die Mitglieder verpflichteten sich, regelmässig zu erscheinen und in Fällen, in denen eine Teilnahme nicht möglich ist, ein Mitglied der Gruppe rechtzeitig darüber zu informieren. Teilnahmebeitrag wurde keiner erhoben, was sich jedoch nach dem Ablauf der acht Sitzungen und dem Entschluß der Gruppe, die Sitzungen auch ohne die weitere Finanzierung durch das CIL Berkeley fortzuführen, dahingehend änderte, daß pro Sitzung $5 zur Entschädigung der Therapeutin erhoben wurde, die von dort an aufgrund von finanziellen Schwierigkeiten Einzelner und dem Bestreben der Gruppe, eigenständiger zu werden, nur noch an jeder 2. Sitzung teilnahm.

Das *Northeast Independent Living Program* in Lawrence, Massachusetts, das ich neben anderen ILP's an der Ostküste besuchte, praktiziert eine besondere Form von Peer Support Gruppen. Da die MitarbeiterInnen des Programmes der Überzeugung sind, daß die KundInnen in einer

[202] vergl. SAXTON, 1983; 177
[203] vergl. TOMS BARKER u.a., 1987; 18
[204] vergl. COLE, 1983; 187f
[205] vergl. ebenda; 188

Gruppe von mehreren Menschen mehr als von einzelnen MitarbeiterInnen lernen können, werden diese dazu ermuntert, in einer der Peer Support Gruppen des Programmes teilzunehmen. Die KundInnen sind jedoch in keinster Weise dazu verpflichtet, an Gruppen teilzunehmen, und können ebenso Einzelunterstützung durch das Programm bekommen. An jeder Gruppe nehmen ca. vier bis fünf KundInnen teil, die je nach Interessensgebiet, Alter oder Behinderung zusammengebracht werden und mit zwei Peer-UnterstützerInnen zusammenarbeiten, die die unterschiedlichsten Fähigkeiten, die zur Führung eines selbstbestimmten Lebens notwendig sind, lehren können. Die vorsichtige Auswahl der Personen, die in einer Gruppe zusammenarbeiten, hat nach den Beobachtungen der Beschäftigten schon zur Formierung von verschiedenen Freundschaften zwischen den KundInnen ausserhalb der Gruppentreffen und somit zur Verbesserung des individuellen Untersützungsnetzwerkes geführt. Die Gruppentreffen finden in wöchentlichem Rhythmus für jeweils zwei Stunden statt und sind auf eine Zeitspanne von 10 Wochen begrenzt.[203]

Lehren von Fertigkeiten zum selbstbestimmten Leben

COLE weist darauf hin, daß 1982 90 % der 72 ILP's, die zu diesem Zeitpunkt in den USA als solche bekannt waren, angaben, daß das Lehren von Fertigkeiten zum selbstbestimmten Leben eine der wichtigsten Dienstleistungen des Programmes darstellt und daß diese Form der Unterstützung von Behinderten sich mittlerweile auf viele andere Programme ausgeweitet hat.[204]

Entsprechend der *Independent Living Philosophy* liegt dem Lehren von Fertigkeiten zum selbstbestimmten Leben das Ziel zugrunde, KundInnen darin zu unterstützen, Selbstbestimmung und somit Kontrolle über das eigene Leben zu erlangen. Dieser Ansatz unterscheidet sich erheblich von der traditionellen Form des Lehrens von Fertigkeiten des täglichen Lebens, die sich hauptsächlich auf das Lehren von praktischen Tätigkeiten beschränkt.[205] Ebenso unterscheidet sich diese Form in der Betonung der Effekte, die die Peer-Beziehung auf das Erlernen von Fertigkeiten zur Führung eines selbstbestimmten Lebens hat. COLE äussert sich hierzu wie folgt:

"Peer Support wird oft von den Independent Living-*Programmen als eine primäre Methode zum Lehren der Fertigkeiten zum selbstbestimmten Leben gewählt. Peer-UnterstützerInnen werden wohlüberlegt gewählt, da sie als Modelle fungieren, mit denen sich die KundInnen identifizieren können. Sie haben selbst viele der Probleme erfolgreich gelöst, die die KundInnen angehen müssen, um eine selbstbestimmte Lebensführung zu erreichen."* [206]

Dennoch bestehen hierbei unterschiedliche Praktiken hinsichtlich der Einbeziehung des Peer Support, so daß beispielsweise im Übergangswohnprogramm der *Resources for Independent Living* in Sacramento, Kalifornien, die Selbstbestimmt-Leben-Klassen von einem nichtbehinderten Mitarbeiter unterrichtet werden, dem zuweilen eine ehemalige Kundin assistiert, während das CIL Berkeley grossen Wert darauf legt, daß alle LehrerInnen von Fertigkeiten zum selbstbestimmten Leben selbst behindert sind.

Die Frage, ob Einzel- oder Gruppenunterricht angewandt wird, wird ebenfalls unterschiedlich gelöst. Während Gruppenunterricht den Vorteil bietet, daß die KundInnen voneinander lernen können und ein breiterer Austausch über die verschiedenen Möglichkeiten der Lösung eines Problems stattfinden kann, bietet der Einzelunterricht den Vorteil eines intensiveren Lernens, das sich in höherem Maße an den Bedürfnissen der Einzelnen orientiert. Dieser Vorteile und der unterschiedlichen Bedürfnisse wegen bemüht sich z. B. das CIL Berkeley, beide Formen anzubieten.[207]

Neben einer besseren Ausübung von praktischen Fertigkeiten, wie z. B. Kochen, aus dem Rollstuhl ins Auto umsteigen, den Einsatz des Blindenstockes, die Erledigung der Einkäufe usw., werden vor allem folgende Fertigkeiten gelehrt, die für die Selbstbestimmung Behinderter besonders wichtig sind:

[206] ebenda; 196

[207] Während dies im Herbst und Frühjahr 1988/89 der Fall war, mußte das CIL aufgrund von finanziellen Engpässen und einer grösseren Nachfrage nach Einzelunterricht die Durchführung der Selbstbestimmt Leben Klassen jedoch vorübergehend einstellen.

[208] COLE, 1983; 189

"-Effektive Kommunikation mit Anderen, um Informationen zu erlangen, Meinungen auszudrücken und Bedürfnisse erfüllt zu bekommen
- *Das Identifizieren von Ressourcen und das Lernen, wie diese genutzt werden können*
- *Das Identifizieren und Vergleichen von Wahlmöglichkeiten*
- *Das Treffen von Entscheidungen und Setzen von Prioritäten*
- *Die Verpflichtung zur Verfolgung von Langzeitzielen, sowie zur Verfolgung eines Aktionsplans bis zum Erreichen der erwünschten Ergebnisse*
- *Die Entwicklung von aufeinander folgenden Plänen, so daß Aktivitäten und Anstrengungen mit zunehmendem Erfolg zur Erreichung eines Langzeitzieles führen*
- *Das Abschätzen von Risiken, das Voraussehen von Konsequenzen und die Entwicklung des Urteilsvermögens über das Eingehen von Risiken*
- *Das Bewältigen von Krisen, wie medizinischen oder finanziellen Notfällen*
- *Das Lösen von Problemen"* [208]

Workshops

Workshops, die von einer, zwei Stunden bis zu einem Wochenende lang andauern können, stellen eine weitere Form der Bereitstellung des Peer Support dar. Die Workshops, die in der Regel an vorher festgelegte Themen gebunden sind und z. T. auch von einer grösseren Anzahl von TeilnehmerInnen besucht werden, bieten zwar Raum zum Austausch über bestimmte Themen, die Behinderung betreffen, grenzen jedoch die Möglichkeit zu einem tieferen persönlichen Gespräch ein. Dieses Setting des Peer Support kann besonders für Personen, die zeitlich eingeschränkt sind und nicht regelmäßig an einer Gruppe teilnehmen können, eine Möglichkeit darstellen, sich mit anderen Behinderten über bestimmte Themen, die für sie im Zusammenhang mit ihrer Behinderung interessant sind, auszutauschen.

So weist beispielsweise das *Total Living Concept* in Cincinnati, Ohio, das mit der Etablierung einer Peer Support-Gruppe nicht viel Erfolg hatte, darauf hin, daß Workshops mit bestimmten Themenschwerpunkten eine grössere Anzahl von TeilnehmerInnen anziehen, als dies Peer Support-Gruppen tun, und zudem effektiver für den Aufbau von Peer-Beziehungen unter den KundInnen sind.[209] So bot das *Total Living Concept* Workshops zu Themen wie Arbeit, Männer- und Frauengruppen und den Umgang mit Geld an.[210]

CUPOLO CARRILLO u.a., die ein Handbuch für die Durchführung von derartigen Workshops entwickelt haben, führen folgende weitere Themenvorschläge für die Durchführung von Workshops an:
- Umgang mit Streß,
- Gesundheit,
- Drogenmißbrauch,
- Organisation der Persönlichen Assistenz,
- Workshop mit Eltern und Familienmitgliedern von behinderten Menschen,
- Sexualität,
- Soziale Fähigkeiten und
- Workshops über die Besonderheiten der verschiedenen Behinderungen.[211]

Bereitstellung von Dienstleistungen für Behinderte durch Behinderte

Die Bereitstellung von Dienstleistungen für Behinderte durch Behinderte spielt neben dem Aspekt der KundInnenkontrolle, dem viele ILP's grossen Wert beimessen, auch hinsichtlich der Bereitstellung von Peer Support eine grosse Rolle.[212] Hierbei geht es z. B. um die Bereitstellung von Dienstleistungen wie der Vermittlung von Persönlichen AssistentInnen, Hilfsmittelberatung, Rechtsberatung, Wohnungsvermittlung, Berufsberatung etc.

[209] vergl. TOMS BARKER u.a., 1987; 29
[210] vergl. ebenda; 17
[211] vergl. CUPOLO CARRILLO u.a., 1985
[212] vergl. WILLIAMS u.a., 1988; 16f
[213] ebenda; 17
[214] vergl. STUDY GROUP ON PEER COUNSELING AS A REHABILITATION RESOURCE, 1981; 18f

Da es sich bei diesem Setting des Peer Support in der Regel nur um einmalige oder sporadische Kontakte zwischen den KundInnen und der Person handelt, die Dienstleistungen anbietet, beschränkt sich der Kontakt hauptsächlich auf die Themen, die mit der Bereitstellung der bestimmten Dienstleistung zu tun haben; er ist nicht so intensiv, wie dies z. B. in einer Peer Support Gruppe der Fall ist. Nach WILLIAMS u.a. bietet Peer Support in diesem Rahmen dennoch "einen effektiven Weg für den Umgang mit einer Vielfalt von Themen, die im Kontext der Dienstleistungsbeziehung stehen, der auf dem Verständnis von gemeinsamen Lebenserfahrungen und Barrieren zur Selbstbestimmung basiert."[213]

So wird es beispielsweise einer hörbehinderten Person, die selbst Hilfsmittel benutzt, hinsichtlich der Beratung über vorhandene und geeignete Hilfsmittel und deren Finanzierungsmöglichkeiten für Hörbehinderte bedingt durch ihre eigenen persönlichen Erfahrungen leichter fallen, die KundInnen zu verstehen, und es ihnen durch das Einbringen von eigenen Erfahrungen erleichtern, über Vorbehalte gegenüber bestimmten Hilfsmitteln zu reden.

3.2. Hilfreiche Kommunikationsfähigkeiten

Den Methoden, die im Peer Support angewandt werden, werden eine Reihe von Kommunikationsfähigkeiten zugrunde gelegt, über die die Peer-UnterstützerInnen verfügen müssen oder die sie im Rahmen einer Fortbildung erlangen sollten.[214] Im Rahmen meiner Forschungen konnte ich folgende Kommunikationsfähigkeiten, denen besonders während der Ausbildung von Peer-UnterstützerInnen grosse Aufmerksamkeit geschenkt wird, identifizieren:

- Gutes Zuhören
- Einfühlungsvermögen
- Respekt
- Aufrichtigkeit
- Konkretheit
- Selbstöffnung
- Unmittelbarkeit
- Konfrontation
- Vertraulichkeit

Gutes Zuhören

Die Fähigkeit eines effektiven Zuhörens stellt nach SAXTON eine der wichtigsten Voraussetzungen dar, die Peer-UnterstützerInnen erlangen müssen[215] CUPOLO CARRILLO u.a. bestätigen dies und weisen darauf hin, daß behinderten Menschen oft nicht genügend zugehört wurde, was besonders auf diejenigen, die in Institutionen leben oder gelebt haben, und auf Personen mit Sprachbehinderungen zutrifft, die oft das Gefühl haben, daß Andere sich nicht die Zeit nehmen, um zu verstehen, was sie zu sagen versuchen.[216]

Konzentriertes Zuhören, mit der Absicht, die Gefühle, Ideen und Sorgen der KundInnen zu verstehen, zeigt, daß die UnterstützerInnen sie ernst nehmen und sich für sie interessieren. Dadurch werden sie ermutigt, Gefühle auszudrücken und über ihre Probleme zu reden, sowie befriedigende Lösungen dafür zu suchen.[217] Basierend auf diesen positiven Effekten, die sich aus einem effektiven Zuhören für die KundInnen und den Unterstützungsprozeß ergeben, haben die AutorInnen der verschiedenen Handbücher für die Ausbildung von Peer-UnterstützerInnen, die während der letzten Jahre in den USA erstellt wurden, der Ausbildung dieser Fähigkeit besondere Aufmerksamkeit gewidmet.[218]

[215] vergl. SAXTON, 1983; 180

[216] vergl. CUPOLO CARRILLO u.a., 1985; 54

[217] vergl. ebenda

[218] vergl. BYRKIT u.a., 1986; 31ff, CUPOLO CARRILLO u.a., 1985; 54f und HUMMEL / GILPATRICK, ohne Jahreszahl; 9ff

[219] Aufgrund meiner eigenen Sehbehinderung fällt mir das Halten des Blickkontaktes z. B. schwer, so daß das bedingungslose Festhalten an dieser Vorgabe für mich nur unnötigen Streß verursachen und mir die Konzentration auf den Gesprächsverlauf erschweren würde. Dementsprechend wende ich verstärkt andere Formen der Signalisierung meiner Aufmerksamkeit wie z. B. akustische Hinweise an. Derartigen Besonderheiten sollte bei der Ausbildung von Peer UnterstützerInnen auf jeden Fall Beachtung geschenkt werden.

[220] vergl. BYRKIT u.a., 1986; 31

[221] vergl. CARKHUFF, 1969; 36

[222] vergl. CARKHUFF / BERENSON, 1967; 26f und PEER COUNSELING AS A REHABILITATION RESOURCE, 1981; 18

[223] vergl. STUDY GROUP ON PEER COUNSELING AS A REHABILITATION RESOURCE, 1981; 18

[224] vergl. CARKHUFF / BERENSON, 1967; 27

BYRKIT u.a. unterscheiden dabei zwischen passivem Zuhören, wie z. B. einem ruhigen, regungslosen Gegenübersitzen von jemandem, und einem aktiven Zuhören, das die Beachtung der KundInnen, das Zeigen, daß sie verstanden wurden, sowie eine unterstützende und hilfreiche Antwort umfaßt. So weisen sie darauf hin, daß im Peer Support die aktive Form des Zuhörens angewandt werden muß, die neben den verbalen Antworten auch positive non-verbale Signale, wie direkter Blickkontakt - sofern dies möglich ist[219] - und Signale durch die Körperhaltung und -bewegungen einschließt.[220]

Einfühlungsvermögen

Einfühlungsvermögen von Seiten der Peer-UnterstützerInnen ist grundlegend für die Etablierung einer engen Beziehung. Hierzu verweist CARKHUFF darauf, daß der Grad, in dem einfühlendes Verständnis für die Welt der Hilfesuchenden geleistet wird, direkt damit zusammenhängt, wie diese in der Lage sein werden, sich selbst und Andere zu verstehen.[221]

Unter dem Begriff Einfühlungsvermögen versteht die *STUDY GROUP ON PEER COUNSELING AS A REHABILITATION RESOURCE* das Verständnis der HelferInnen für die Gefühle, Erfahrungen und Ziele der Person, die Hilfe sucht und die genaue Kommunikation dieses Verständnisses zurück zu der hilfesuchenden Person.[222]

Respekt

Die Fähigkeit des Respektierens anderer Personen bezieht sich besonders auf die Einstellung der Peer-UnterstützerInnen gegenüber den KundInnen und äussert sich in der Sorge, Wärme und einer positiven Betrachtungsweise, die der hilfesuchenden Person entgegengebracht wird.[223] CARKHUFF und BERENSON weisen andererseits darauf hin, daß das Respektieren und die positive Betrachtungsweise anderer seinen Ursprung in dem Respekt hat, den das Individuum für sich selbst empfindet.[224]

Demnach manifestiert sich eine respektvolle Beziehung durch angemessene Wärme, Interesse und Akzeptanz, was der hilfesuchenden

Person in einer sich um sie sorgenden, aber nicht von ihr besitzergreifenden Form vermittelt wird.[225] Durch die Bereitstellung dieser Bedingungen wird es den KundInnen erleichtert, sich selbst und andere zu respektieren, sowie sich selbst und anderen warme Gefühle entgegenzubringen.[226]

Aufrichtigkeit

Die *STUDY GROUP ON PEER COUNSELING AS A REHABILITATION RESOURCE* hebt hervor, daß der Aufbau einer aufrichtigen Beziehung zwischen den Peer-UnterstützerInnen und den KundInnen ebenfalls sehr wichtig für den Prozeß des Peer Support ist. Der Grad, zu dem die Peer-UnterstützerInnen mit sich selbst und den KundInnen aufrichtig sein können, beeinflußt den Aufbau einer guten Ausgangsbasis für die Beziehung erheblich.[227] Dazu weist CARKHUFF auf den Zusammenhang zwischen dem Grad der Aufrichtigkeit hin, die von Seiten der HelferInnen praktiziert werden, und der Entwicklung der Aufrichtigkeit der hilfesuchenden Person, die sie gegenüber sich selbst und anderen Personen anwendet.[228]

Der Begriff der Aufrichtigkeit umfaßt in diesem Zusammenhang die Eigenschaften der Ehrlichkeit, Echtheit und Humanität, über die eine helfende Person verfügt.[229] Dies darf jedoch nicht mit einem Freifahrtschein für die Peer-UnterstützerInnen verwechselt werden, der ihnen im Unterstützungsprozeß erlaubt, zu tun, was sie gerade wollen und

[225] vergl. CARKHUFF / BERENSON, 1967; 27f und STUDY GROUP ON PEER COUNSELING AS A REHABILITATION RESOURCE, 1981; 18

[226] vergl. CARKHUFF, 1969; 36

[227] vergl. STUDY GROUP ON PEER COUNSELING AS A REHABILITATION RESOURCE, 1981; 18

[228] vergl. CARKHUFF, 1969; 37

[229] vergl. STUDY GROUP ON PEER COUNSELING AS A REHABILITATION RESOURCE, 1981; 18

[230] vergl. CARKHUFF / BERENSON, 1967; 29

[231] vergl. STUDY GROUP ON PEER COUNSELING AS A REHABILITATION RESOURCE, 1981; 19

[232] vergl. CARKHUFF, 1969; 37

[233] vergl. PEER COUNSELING AS A REHABILITATION RESOURCE, 1981; 19

[234] vergl. CARKHUFF, 1969; 38

besonders nicht, Feindseligkeiten gegenüber den KundInnen auszudrücken.[230]

Konkretheit

Die Konkretheit äussert sich in der Verwendung einer klaren und konkreten Ausdrucksform bei der Führung von Diskussionen in persönlich relevante Aspekte. Diese Konkretisierung ermöglicht es den Peer-UnterstützerInnen, einen genaueren Eindruck über die KundInnen und deren Erfahrungen zu gewinnen und weitere Schritte, die verfolgt werden können, herauszuarbeiten.[231] Gleichzeitig wird es den KundInnen dadurch ermöglicht, Erfahrungen in einem besser zu bewältigenden Verhältnis zu betrachten und sich über ihre Probleme bewußter zu werden.[232]

Selbstöffnung

Unter Selbstöffnung wird das angemessene Teilen von persönlichen Erfahrungen, Gedanken, Gefühlen und Einstellungen der Peer-UnterstützerInnen mit den KundInnen in einer unterstützenden Form verstanden. Eine derartige Kommunikationsform bietet ein Werkzeug zur Darstellung des Selbsterforschungsprozesses und einer effektiven Problemlösung.[233] Zudem wird dadurch signalisiert, daß sie auch frei und spontan sein und Informationen über sich selbst preisgeben können.[234]

Unmittelbarkeit

Die Unmittelbarkeit stellt eine Brücke zwischen der Einfühlung dar, die auf die Erfahrungen der KundInnen eingeht, und der Konfrontation, die aus dem Eindruck initiiert wird, den die Peer-UnterstützerInnen über die KundInnen gewonnen haben. Die Form der Unmittelbarkeit findet dann ihre Anwendung, wenn beide miteinander und dem Einfluß, den sie aufeinander haben, befaßt sind. Die Peer-UnterstützerInnen beziehen sich dabei auf das "Hier und Jetzt" in der fortlaufenden Beziehung, wobei von ihnen die Fähigkeit verlangt wird, sich mit den direkten und indirekten Anmerkungen, die von KundInnen gemacht wurden, zu befassen.[235] Für diese bietet sich die Möglichkeit, ihre Gefühle verstehen zu lernen und mit ihnen in einer konstruktiven Weise umzugehen.[236]

Konfrontation

Basierend auf den Eindrücken, die Peer-UnterstützerInnen von den KundInnen gewonnen haben, konzentrieren sie sich auf verschiedene Diskrepanzen und benennen diese, wie sie sie sehen.[237] CARKHUFF benennt drei Arten von Unstimmigkeiten, die bei KundInnen auftreten können, und die von Peer-UnterstützerInnen mittels der Anwendung von Konfrontation angesprochen werden können:

" 1.) Die Diskrepanz zwischen den Aussagen über das, was der Kunde zu sein wünscht und dem, wie er sich selbst tatsächlich erlebt (Diskrepanz zwischen dem idealen und wirklichen Selbst).

2.) Die Diskrepanz zwischen dem vom Kunden geäußerten Bewußtsein über sich selbst und seinem beobachtbaren oder berichteten Verhalten.

3.) Die Diskrepanz zwischen der Art und Weise, wie der Peer-Unterstützer den Kunden erlebt, und wie dieser sich über sein persönliches Erleben äußert." [238]

Ähnlich wie bei den anderen Kommunikationsformen wirkt sich auch hier der Grad, in dem die KundInnen mit einer Diskrepanz konfrontiert werden, entscheidend auf den Grad aus, in dem sie in die Lage versetzt werden, sich selbst und Andere zu konfrontieren.[239]

[235] vergl. STUDY GROUP ON PEER COUNSELING AS A REHABILITATION RESOURCE, 1981; 19

[236] vergl. CARKHUFF, 1969; 54

[237] vergl. STUDY GROUP ON PEER COUNSELING AS A REHABILITATION RESOURCE, 1981; 19

[238] CARKHUFF, 1969; 38

[239] vergl. ebenda;

[240] vergl. CUPOLO CARRILLO u.a., 1985; 47

[241] vergl. CARKHUFF, 1969; 36ff

Vertraulichkeit

Vertraulichkeit stellt einen wichtigen Aspekt im Peer Support dar und sollte auf jeden Fall als Grundvoraussetzung gewährleistet sein. D. h., daß vertrauliche Informationen über KundInnen auf keinen Fall ohne deren ausdrückliche Zustimmung an Dritte weitergeleitet werden. Dementsprechend sollten die Namen der KundInnen auch in Anleitungsgesprächen oder Supervisionssitzungen, während denen sich die Peer-UnterstützerInnen über den Unterstützungsprozeß austauschen können, nicht preisgegeben werden.[240]

3.3. Methoden im Peer Support

Aus den in den vorigen Kapiteln beschriebenen Settings und Kommunikationsfähigkeiten kristallisieren sich eine Reihe von Unterstützungsmethoden heraus, die für Peer Support maßgeblich sind und in den einzelnen ILP's Anwendung finden.

Agieren als positives Rollenvorbild

Das Verhalten der BeraterInnen hat in vielen Bereichen einen erheblichen Einfluß auf den Umfang und die Art der Veränderungen, die die KundInnen vornehmen.[241] Das Agieren als positives Rollenvorbild ist also eine der wichtigsten Unterstützungsmethoden.

Das Thema Behinderung, das einen hohen Prozentsatz der Bevölkerung auf die eine oder andere Art betrifft, findet verhältnismäßig geringe Beachtung in der Öffentlichkeit; und dies oft in einer mitleidserregenden und herabwürdigenden Form. Deshalb besteht ein großer Mangel an positiven Rollenvorbildern für Behinderte. Jugendträume, ein Filmstar zu werden, werden z. B. einer Rollstuhlbenutzerin schnell geraubt; es muß schon als ein Zufall betrachtet werden, wenn ein Film gezeigt wird, in dem eine Person, die einen Rollstuhl benutzt, eine positive Rolle spielt (oder überhaupt zu sehen ist). Dies setzt sich in vielen Bereichen des Lebens wie z. B. in der Arbeitswelt, der Politik etc. fort, in denen ebenfalls nur wenige Menschen mit Behinderungen aktiv nach außen hin auftreten bzw. zu finden sind. So ist es nicht selten, daß die Peer-UnterstützerInnen die ersten behinderten Personen sind, die den KundInnen signalisieren, daß sie trotz einer Behinderung ein selbstbestimmtes Leben führen und an der Verwirklichung ihrer Ziele arbeiten können. Über diesen Effekt müssen sich die Peer-UnterstützerInnen im Klaren sein.

Besonders in Situationen, die Umgangsformen der Peer-UnterstützerInnen mit ihrer eigenen Behinderung betreffen, wie dies z. B. gehäuft in den Selbstbestimmt Leben Klassen der Fall ist, sind die Peer-UnterstützerInnen gefordert, "als gutes Beispiel voran zu gehen". Es geht dabei jedoch in keinster Weise darum, daß die Peer-UnterstützerInnen als "Musterbehinderte" auftreten und angeben, die Ideallösungen parat zu haben, sondern daß sie so bewußt und aufrichtig wie möglich auftreten und Lösungsmöglichkeiten für behinderungsbedingte Probleme aufzeigen. Darauf basierend, können sich dann die KundInnen ihr eigenes Bild über einzelne Bewältigungsstrategien machen. Das offene und ehrliche Zugeben von Schwächen von Seiten der behinderten BeraterInnen bringt zudem den positiven Effekt mit sich, daß dadurch einer Idealisierung entgegengewirkt werden kann.

Klientenzentrierte Gesprächsführung

Wie SAXTON ausführt, bauen die meisten Peer Support Programme auf dem Konzept der klientenzentrierten Gesprächsführung auf, wie dies von CARKHUFF und ROGERS entwickelt wurde.[242] Nach ROGERS ist die Einstellung der BeraterInnen für die Anwendung dieser Methode besonders wichtig:

> *"Unserer Erfahrung nach ist der Berater, der versucht, eine Methode anzuwenden, dazu verdammt, erfolglos zu bleiben, sofern sich diese Methode nicht aufrichtig mit seiner Einstellung deckt."*[243]

[242] vergl. SAXTON, 1983; 180
[243] ROGERS, 1951; 19
[244] ebenda; 20
[245] vergl. SAXTON, 1983; 180
[246] vergl. ROGERS, 1951; 54
[247] vergl. SAXTON, 1983; 180

In diesem Zusammenhang wirft ROGERS einige Fragen auf, die für die Einschätzung der Eigenschaften der BeraterInnen wichtig sind und die sie sich stellen sollten. Diese Fragen verdienen aufgrund der weithin verbreiteten negativen Betrachtungsweise von Behinderung besondere Beachtung:

> *"Wie betrachten wir andere? Sehen wir jede Person als wert- und würdevoll für sich selbst? Wenn wir diese Meinung auf der verbalen Ebene vertreten, wie wird sie auf der Verhaltensebene augenscheinlich? Neigen wir dazu, Individuen als Personen mit Wert zu behandeln, oder werten wir sie auf eine subtile Weise durch unsere Einstellung und Verhaltensweisen ab? Steh in unserer Haltung der Respekt für das Individuum an höchster Stelle? Respektieren wir seine Leistungsfähigkeit und sein Recht, sich selbst zu führen, oder glauben wir eigentlich, daß sein Leben durch uns am besten geführt würde? In welchem Ausmaß haben wir das Bedürfnis und Streben, andere zu beherrschen? Sind wir dafür, daß das Individuum seine eigenen Werte wählt, oder sind unsere Aktivitäten von der Überzeugung geleitet (gewöhnlich unausgesprochen), daß es glücklicher wäre, wenn es uns erlauben würde, seine Werte, Normen und Ziele auszuwählen?"* [244]

Bei der Anwendung der klientenzentrierten Gesprächsführung im Peer Support steht der Aufbau einer aufrichtigen, einfühlsamen Beziehung zwischen den KundInnen und den Peer-UnterstützerInnen im Vordergrund, so daß eine Atmosphäre des Vertrauens und aufrichtigen Respekts geschaffen wird.[245] Auf dieser Grundlage kann sich nach ROGERS die völlige Freiheit, jeden Teil des Wahrnehmungsbereiches zu erforschen, sowie die völlige Freiheit von der Bedrohung für das Selbst ergeben.[246] Nachdem die KundInnen die Möglichkeit gehabt haben, ihren Ängsten, ihrem Ärger, ihrem Kummer und anderen Emotionen offen Luft zu verschaffen, hat dies klares Denken und entschlossenes Handeln zur Folge. Größtmögliche positive Veränderungen werden erreicht, wenn die Verantwortung für das Treffen von Entscheidungen für das Leben von den KundInnen selbst getragen wird, so daß Peer-UnterstützerInnen grundsätzlich davon abgeraten wird, Ratschläge zu erteilen.[247]

Problemlösung

Die Fähigkeit, Probleme zu lösen, stellt einen entscheidenden Faktor im menschlichen Leben dar.[248] Dementsprechend spielt das Lehren der Fähigkeit, Probleme zu lösen, auch im Prozeß des Peer Support eine entscheidende Rolle. Neben den Problemen, mit denen die meisten Nichtbehinderten umgehen müssen, werden Menschen mit Behinderungen mit vielen zusätzlichen Schwierigkeiten konfrontiert, so daß es besonders wichtig ist, daß sie über gute Problemlösungsfähigkeiten verfügen.

Sei es ein Defekt am Rollstuhl, der umgehend repariert werden muß, die Notwendigkeit, eine Vorleserin zu finden oder die Frage, wie eine hörbehinderte Person es arrangieren kann, daß sie dem Seminar an der Universität folgen kann - die Lösung dieser Probleme hängt neben der Beschaffenheit der sozialen Infrastruktur in der Regel in hohem Maße davon ab, inwieweit die behinderte Person selbst in der Lage ist, Lösungen für diese Probleme zu finden. Deshalb sind die Peer-UnterstützerInnen nicht dazu da, die Probleme für die KundInnen zu lösen,[249] sondern dafür, diese dazu zu ermächtigen, selbst Lösungen für ihre Probleme zu entwickeln. Für Personen, die jahrelang in Institutionen oder bei Eltern gelebt haben, die ihnen die meisten Entscheidungen und Verantwortungen abgenommen haben, stellt dies oft eine völlig neue Lernerfahrung dar.

Der Prozeß der Problemlösung wurde von BYRKIT und NAY in sieben Schritte unterteilt, die ich durch meine Erfahrungen mit dem Lehren von Problemlösungsstrategien in der Selbstbestimmt-Leben-Klasse des CIL Berkeley ergänzen werde, und die sich wie folgt darstellen:[250]

1.Schritt: Erforschung des Problems

Oft geht es hierbei darum, daß die KundInnen sich erst einmal über ihre Bedürfnisse bewußt werden und die Probleme, die sich daraus für sie ergeben, identifizieren. In dieser Phase erklären die KundInnen das Problem in einer generellen Form, was durch das

[248] vergl. CARKHUFF, 1973; Preface ohne Seitenangabe
[249] vergl. SAXTON, 1983; 181
[250] vergl. BYRKIT u.a., 1986; 38ff

Stellen von Fragen mit offenen Antworten gefördert werden kann.

2. Schritt: Verstehen des Problems
   In dieser Phase haben die KundInnen bereits erkannt, daß ein Problem vorhanden ist, und konzentrieren sich mittels einer generellen Herangehensweise auf alle Aspekte des Problems.

3. Schritt: Definition des Problems
   Im 3. Schritt wird die genaue Beschreibung des Problems, wie es sich auf die KundInnen auswirkt und was es für sie bedeutet, vorgenommen. Dies kann durch die Peer-UnterstützerInnen mittels einer Zusammenfassung von gemachten Aussagen und des Wiederholens von bereits Gesagtem unterstützt werden.

4. Schritt: Sammeln von Alternativen
   Hierbei geht es darum, daß eine Art Brainstorming über die verschiedenen Alternativen vorgenommen wird, die es zur Lösung des Problems gibt, ohne deren genauere Einschätzung zu vollziehen. So geht es hauptsächlich darum, daß die KundInnen erste vage Ideen entwickeln, wie dem Problem abgeholfen werden kann. Die Erstellung einer Liste von verschiedenen Alternativen kann dabei durchaus hilfreich sein.

5. Schritt: Einschätzung der Alternativen
   Die Untersuchung der einzelnen Lösungsalternativen auf ihre Schwächen und Stärken, wie sie sich für die KundInnen darstellen, steht in dieser Phase im Vordergrund. Dadurch sollen sie eine Vorstellung davon bekommen, welche Anstrengungen und Gefühle mit der Verfolgung der einzelnen aufgelisteten Alternativen für sie verbunden sind.

6. Schritt: Entscheidung für die beste Alternative
   Nach der Abwägung der verschiedenen Alternativen treffen die KundInnen in diesem Stadium die Entscheidung, welches die für sie beste Alternative darstellt. Dabei sollten Fragen nach der Vollständigkeit der Informationen, die zur Verfolgung der Alternative notwendig sind, erörtert werden-: ob die Lösungsmöglichkeit spezifisch genug ist, den Werten der KundInnen entspricht,

im Rahmen des Durchführbaren und des für sie Kontrollierbaren liegt und natürlich, ob sie diese Alternative überhaupt verfolgen wollen.

7. Schritt: Vollzug der Alternative

Diesem Schritt wurde in der Selbstbestimmt Leben Klasse des CIL Berkeley besondere Bedeutung beigemessen. Nachdem eine Alternative ausgewählt wurde geht es in diesem letzten Schritt darum, einen Aktionsplan zur Durchführung dieser Alternative zu entwerfen, der sich in der Regel in verschiedene Einzelschritte untergliedert. Dabei müssen die Hindernisse, die sich für die Durchführung der einzelnen Schritte ergeben können, die Stärken, über die eine Person zur Überwindung der Hindernisse verfügt, eventuelle Personen, deren Hilfe benötigt wird oder in Anspruch genommen werden kann, sowie zeitliche und örtliche Rahmenbedingungen berücksichtigt werden.

Hinsichtlich der Entwicklung von Einzelschritten des Aktionsplanes ist es besonders wichtig, daß es sich um spezifische und für die KundInnen durchführbare Schritte handelt. In der Selbstbestimmt-Leben-Klasse des CIL Berkeley wurde das Verfolgen der Einzelschritte so gehandhabt, daß jede Woche über die Verfolgung des Zieles, das vorige Woche beschlossen wurde, geredet und ein neues Einzelziel zur Verfolgung eines Gesamtzieles gesetzt wurde. Eine Beschreibung eines solchen Einzelzieles formulierte ein Teilnehmer dieser Klasse z. B. wie folgt: "Ich werde am nächsten Mittwochmorgen um 10.00 Uhr zur Bank of America Filliale an der Durant Avanue gehen und ein Girokonto auf meinen Namen eröffnen."

Rollenspiele

Das Durchführen von Rollenspielen stellt im Rahmen des Peer Support eine gute Methode dar, um den Umgang mit bestimmten Situationen einzuüben und diese charakteristisch darzustellen. Nach CUPOLO CARRILLO u.a. kann die Anwendung der Methode des

[251] vergl. CUPOLO CARRILLO, 1985; 51
[252] vergl. CUPOLO CARRILLO u.a., 1985; 52

Rollenspiels folgende Funktionen erfüllen:

1) Die Bereitstellung eines sicheren Platzes, an dem die Situation oder das Problem untersucht werden kann, das die KundInnen beschäftigt;
2) sie kann dabei behilflich sein, neue Werkzeuge zur effektiven Kommunikation der Bedürfnisse zu erlernen;
3) sie kann die Steigerung des Selbstbewußtseins und des Selbstvertrauens bewirken; und
4) lehren, wie mit einer Situation in einer neuen und konstruktiven Weise umgegangen werden kann.[251]

Die Situationen, die durch Rollenspiele hilfreich bearbeitet werden können, erstrecken sich über eine weite Bandbreite: von Vorstellungsgesprächen für einen Arbeitsplatz; Situationen im Restaurant, wenn Sehbehinderte die Speisekarte nicht lesen können; über Begebenheiten, in denen eine Person mit einer Sprachbehinderung mit jemandem auf einer Party in Kontakt kommen möchte; bis hin zu Situationen, in denen das Eintreten für die eigenen Interessen, z. B. die Verhandlung mit Behörden, geübt werden.

Da sich diese Methode gut zum Ausagieren von Gefühlen eignet, sollte den KundInnen nach der Beendigung des Rollenspiels die Möglichkeit gegeben werden, über ihre Gefühle, die sie während des Spielens der Situation erfahren haben, zu reden. Zudem sollte eine Rückmeldung über das Rollenspiel mit positiven Anmerkungen, alternativen Vorschlägen, sowie eventuellen eigenen Erfahrungen mit ähnlichen Situationen gegeben werden.[252]

4. Auswahl und Ausbildung der Peer-UnterstützerInnen

Auswahl der Peer-UnterstützerInnen

Da das Vorhandensein einer Behinderung eine Person nicht automatisch als Peer-UnterstützerIn qualifiziert, haben viele Peer Support-Programme während der letzten Jahre Kriterien zur Auswahl von Peer-UnterstützerInnen entwickelt. SAXTON weist darauf hin, daß die meisten Peer Support-Programme mindestens drei Grundvoraussetzungen für die Beschäftigung und Ausbildung zugrunde legen. Diese sind:

- daß die BewerberInnen eine Behinderung erlebt haben und adäquate Umgangsweisen damit demonstrieren können,
- daß sie das Bestreben haben, anderen zu helfen, und
- daß sie bereit sind, eine verbindliche Übereinkunft hinsichtlich der Zeit und der Anstrengungen einzugehen, die sie für das Programm während und nach der Ausbildung investieren werden.[253]

Somit wird dem Faktor, daß die BewerberInnen über entsprechende Fähigkeiten verfügen, mit der eigenen Behinderung umzugehen, eine entscheidende Bedeutung beigemessen. Der Aspekt der verbindlichen Übereinkunft hinsichtlich der Zeit und den Anstrengungen, die von Seiten der Peer-UnterstützerInnen investiert werden, spielt in den Programmen, in denen die Meisten auf ehrenamtlicher Basis arbeiten, eine besonders große Rolle. Die Programme wollen dadurch sicherstellen, daß sich die Anstrengungen, die in die Ausbildung investiert werden, auch in Form von späterer ehrenamtlicher Arbeit auszahlen. Das *Boston Self Help Centre* ist z. B. ein Programm, das eine genaue Übereinkunft über die Zeit verlangt, die die Peer-UnterstützerInnen investieren werden, und zum Teil auch über die Absolvierung eines Praktikums neben dem Ausbildungsprogramm.[254]

Andere weitverbreitete Kriterien sind, daß BewerberInnen eine entspannte und aufmerksame Interaktion mit anderen führen und unterstützende Aufmerksamkeit leisten können, sowie bereit sind, ihre eigenen Gefühle hinsichtlich der Behinderung und anderen persönlichen Themen zu erforschen und zu teilen. Einige Programme, wie z. B. das CIL Berkeley, setzen jedoch auch voraus, daß die BewerberInnen entweder einen akademischen Abschluß in Beratung, Psychologie oder in einem mit der Rehabilitation zusammenhängenden Feld besitzen oder eine formale Ausbildung in derartigen Bereichen absolviert haben.[255]

[253] vergl. SAXTON, 1983; 179
[254] vergl. ebenda
[255] vergl. ebenda; 179f
[256] vergl. TOMS BARKER u.a., 1987; 28
[257] vergl. z. B. BYRKIT u.a., 1986, CUPOLO CARRILLO u.a., 1985, HUMMEL / GILPATRICK, o. J. und TOTAL LIVING CONCEPTS, Inc., 1989
[258] vergl. MATHEWS u.a., ohne Jahresangabe; 6

In diesem Zusammenhang muß auch berücksichtigt werden, daß die Unterstützung von Familienangehörigen und PartnerInnen von Behinderten, sowie von Professionellen, die mit Behinderten arbeiten, in einigen Programmen ebenfalls ein Bestandteil des Angebotes darstellt. Hier können zum Beispiel Eltern, die Verhaltensweisen entwickelt haben, die es dem behinderten Kind erleichtern, einen selbstbestimmten Lebensstil aufzubauen; PartnerInnen von Behinderten, die eine erfüllende Beziehung unterhalten; oder Persönliche AssistentInnen, die die Selbstbestimmung von Behinderten achten, positive Rollenvorbilder und Peer-UnterstützerInnen für andere Nichtbehinderte sein. So führt das *Disabled Students´ Program* der UC Berkeley beispielsweise Peer Support-Gruppen für Persönliche AssistentInnen durch; das ILP in Phönix, Arizona bot Familiengruppen und Paargruppen an, und die *Iowa Commission for the Blind* organisierte Freizeitaktivitäten für Familienmitglieder von blinden Menschen, um auf diese Weise deren Unterstützung zu fördern.[256]

Ausbildung und Anleitung der Peer-UnterstützerInnen

Der adäquaten Aus- und Fortbildung der Peer-UnterstützerInnen wird in den meisten Programmen erhebliche Aufmerksamkeit geschenkt, so daß in diesem Bereich schon eine Vielzahl von Trainingshandbüchern entwickelt wurden.[257] Diese Ausbildung kann entweder vor der Aufnahme der Arbeit oder nach der Einstellung als begleitende Fortbildungsmaßnahme erfolgen. Die Beschreibung der folgenden Ausbildungsmodelle für Peer-UnterstützerInnen bietet einen Einblick in die unterschiedlichen Herangehensweisen, die die verschiedenen Programme in diesem Bereich entwickelt haben.

So müssen die Peer-UnterstützerInnen des *Boston Self Help Centres* z. B. vor dem Antritt ihrer bezahlten Stelle ein 10wöchiges Ausbildungsprogramm durchlaufen. In Gruppen, die sich aus vier bis acht TeilnehmerInnen zusammensetzen und von zwei Peer-UnterstützerInnen des Centres angeleitet sind, werden in den zweistündigen, wöchentlichen Sitzungen Themen wie Freundschaft, Unterstützung, das Lösen von Problemen und das Lehren von Fertigkeiten zum selbstbestimmten Leben behandelt.[258]

Das CIL Berkeley hat im Rahmen eines Modellversuches ein Ausbildungsprogramm für Peer-UnterstützerInnen entwickelt, das sich über vier Jahre erstreckt und hauptsächlich darauf abzielt, das Wissen der Peer-UnterstützerInnen hinsichtlich der für die KundInnen verfügbaren Ressourcen zu erweitern. Die bereits als Peer-UnterstützerInnen arbeitenden Beschäftigten werden nach diesem Fortbildungsprogramm u. a. in folgenden Bereichen ausgebildet:

- Orientierung über die Grundsätze des CIL und deren Dienstleistungen,
- Sexualberatung,
- Interessenvertretung für und mit den KundInnen,
- Berichtführung,
- Ressourcen im Netzwerk,
- Lösen von Problemen und
- bestimmtes Auftreten.[259]

Ergänzend hierzu muß angemerkt werden, daß dem Erlernen und der Verbesserung der oben beschriebenen Kommunikationsfähigkeiten in den Trainingsprogrammen besondere Bedeutung beigemessen wird. Zudem weist SAXTON darauf hin, daß Peer-UnterstützerInnen dahingehend ausgebildet werden müssen, daß sie in der Lage sind, zwischen den Lebenssituationen zu differenzieren, die im Rahmen von Peer Support bewältigt werden können, und denen, die nicht zu bewältigen sind.[260] Die Peer-UnterstützerInnen müssen sich darüber bewußt sein, daß es auch Situationen gibt, in denen die Weitervermittlung an entsprechende Professionelle notwendig ist. Dies sind z. B. Situationen, in denen die KundInnen suizidale Tendenzen zeigen, Drogenabhängigkeit vorhanden ist oder medizinische Gefahren bestehen.

Die Anleitung der Peer-UnterstützerInnen ist auch als ein Instrument zur Ergänzung der Ausbildung besonders wichtig, um eine effektive Unterstützung der KundInnen und die Erfüllung der Maßstäbe des Programmes zu gewährleisten. Anleitungstreffen, die die meisten Peer

[259] vergl. STEIN, 1978; 25ff
[260] vergl. SAXTON, 1983; 181
[261] vergl. ebenda
[262] vergl. ebenda
[263] vergl. ebenda

Support-Programme anbieten, werden regelmäßig in wöchentlichen, zweiwöchentlichen oder monatlichen Abständen abgehalten und können sowohl in Einzel-, als auch in Gruppensitzungen durchgeführt werden. Dabei stehen Themen wie der Fortschritt der KundInnen, die Koordination von Dienstleistungen mit anderen Abteilungen innerhalb und außerhalb des Programmes, die fortlaufende Ausbildung und die Einschätzung hinsichtlich der Erfahrungen, die die Peer-UnterstützerInnen mit ihrer Rolle machen, im Mittelpunkt.[261]

Es liegt in der Natur des Peer Support, daß die UnterstützerInnen durch die KundInnen des öfteren mit Themen konfrontiert werden, von denen sie selbst betroffen sind; wie etwa dem Verlust von physischen Fähigkeiten, sexuellen Schwierigkeiten oder Diskriminierungen gegenüber Behinderten. In Fällen, in denen die Peer-UnterstützerInnen diese Probleme für sich selbst noch nicht gelöst haben, und sie noch emotionsgeladen sind, kommt der Intervention der AnleiterInnen ebenfalls besondere Bedeutung zu. Daß die Peer-UnterstützerInnen auf solche Themen reagieren, bedeutet nicht, daß sie sich nicht für die Rolle der UnterstützerIn eignen, und eine überlegte Intervention der AnleiterInnen Nutzen für die KundInnen, die UnterstützerInnen und das Programm mit sich bringen kann.[262]

Was die Qualifikation der AnleiterInnen anbelangt, so sollten diese Fähigkeiten besitzen, die zu einer effektiven Kommunikation notwendig sind, und Vorbilder in Sachen Offenheit und Klarheit besonders hinsichtlich der Themen sein, die mit Behinderung zusammenhängen. Darüberhinaus sollten sie sich dem Gedanken des Peer Support verbunden fühlen, sowie mit dem Curriculum der Peer-UnterstützerInnenausbildung und der Zusammensetzung der KundInnen vertraut sein. Zudem müssen sie, die selbst auch Zugang zu regelmässiger Beratung haben sollten, flexibel sein und verschiedenen Tätigkeitsfeldern, die sich aus dem Peer Support-Prozeß ergeben, offen gegenüber stehen.[263]

5. Grenzen des Peer Support

In der mir vorliegenden Literatur konnte ich keine Hinweise auf negative Folgen finden, die durch die Inanspruchnahme von Peer

Support für KundInnen entstehen können. Dennoch weisen verschiedene AutorInnen auf die Grenzen und Probleme hin, die sich für die Anwendung dieser Methode ergeben können.[264]

Auch wenn es im Peer Support des öfteren darum geht, emotionale Unterstützung zu leisten, handelt es sich beim Peer Support nicht um die Durchführung einer Psychotherapie. Auch wenn es in den USA mittlerweile einige ausgebildete PsychotherapeutInnen gibt, die selbst behindert sind, und den Peer-Charakter als einen Faktor in der Bereitstellung der Therapie für Behinderte hervorheben, verfügen die Peer-UnterstützerInnen in der Regel nicht über eine Ausbildung, die zur Durchführung einer Psychotherapie notwendig ist. Sie sind dafür ausgebildet, behinderten Personen im Umgang mit ihren alltäglichen Problemen und den Gefühlen, die damit verbunden sind, zu helfen, während Psychotherapeuten dahingehend ausgebildet werden, Menschen zu helfen, ihre emotionalen und psychologischen Probleme zu lösen.[265]

In diesem Zusammenhang kommt der Fähigkeit der Peer-UnterstützerInnen, zu erkennen, wann eine Weitervermittlung von KundInnen an eine für ihre Bedürfnisse angemessenere Organisation oder Person angebracht und notwendig ist, besondere Bedeutung zu. So entscheidend Peer Support in manchen Zeiten für die KundInnen sein kann - es gibt ebenfalls Zeiten, in denen die Perspektive von nichtbehinderten Professionellen benötigt werden kann.[266]

Eine weitere Grenze der Methode des Peer Support ergibt sich dann, wenn KundInnen nicht über die entsprechende Motivation oder Bereitschaft verfügen, an der Erhöhung des Grades ihrer Selbstbestimmung zu arbeiten. Es muß der Tatsache Beachtung geschenkt werden, daß es für manche Behinderte und besonders für diejenigen, deren Behinderung erst vor kurzer Zeit eingetreten ist oder die noch nie Kontakt zu anderen Behinderten hatten, einen grossen Schritt bedeutet, mit anderen

[264] vergl. CUPOLO CARRILLO u.a., 1985; 44, SAXTON, 1983; 177 und 181 und STEIN, 1978; 31ff

[265] vergl. CUPOLO CARRILLO, 1985; 44

[266] vergl. SAXTON, 1983; 177

[267] vergl. STEIN, 1978; 31

[268] vergl. ebenda

[269] Peer-UnterstützerIn des CIL Berkeley zit. in STEIN, 1978; 32

[270] vergl. STEIN, 1978; 31ff

Behinderten Kontakt aufzunehmen. Vielfältige Barrieren, wie die Angst, dadurch der Gruppe der Behinderten zugeordnet zu werden und zusätzliche Segregierung zu erfahren, das unausweichliche Konfrontiert-Werden mit der eigenen Behinderung oder negative Vorurteile gegenüber Behinderten können dazu führen, daß diese Personen die Inanspruchnahme von Peer Support vermeiden.

Ein entscheidendes Problem, mit dem viele Peer-UnterstützerInnen bei der Bereitstellung von Peer Support kämpfen müssen, ergibt sich aus dem Kontakt zu nichtbehinderten Professionellen, die in der Behindertenarbeit tätig sind. Im Verhalten vieler nichtbehinderter Professioneller spiegeln sich die Barrieren, die aus der Einstellung der allgemeinen Bevölkerung gegenüber Behinderten erwachsen.[267]

So wurde im Rahmen des *Research and Demonstration Project* des CIL Berkeley die Erfahrung gemacht, daß nichtbehinderte Professionelle oft nicht nur Widerstand gegenüber der Idee eines selbstbestimmten Lebens von Behinderten hegen, sondern es auch nicht gewohnt sind, Behinderte als gleichberechtigte KollegInnen im Rehabilitationsprozeß zu betrachten.[268] Ein Peer-Unterstützer formuliert diese Erfahrung wie folgt:

> *"Sie (die nichtbehinderten Professionellen, Anm. d. Verf.) sind sich nicht sicher, ob jemand in einem Rollstuhl nicht ein Patient ist und auch als solcher behandelt werden sollte."* [269]

Obwohl die Dienste der Peer-UnterstützerInnen in der Regel nach einer Eingewöhnungsphase von den Professionellen akzeptiert und sie als ExpertInnen in diesem Bereich betrachtet werden, müssen sie am Anfang immer wieder die Stichhaltigkeit ihrer Arbeit und ihre Kompetenz beweisen. Besonders in Krankenhäusern und Heimen stoßen sie auf Mißtrauen durch das Personal und werden als KonkurentInnen und UnruhestifterInnen betrachtet. Obwohl die meisten Beschäftigten der Idee des Peer Support recht empfänglich gegenüber stehen, wenn es klar geworden ist, daß die Peer-UnterstützerInnen da sind, um zu helfen, kann dies anfangs viele Probleme verursachen.[270]

Darüber hinaus erwachsen aus der eingeschränkten und oft unsicheren finanziellen Förderung der Peer Support-Programme, die den großen Unterstützungsbedarf von behinderten Menschen längst nicht abdecken können, erhebliche Probleme hinsichtlich der Bereitstellung der Dienstleistungen, die nicht selten durch die Überlastung der BeraterInnen geprägt sind. Auch wenn in den USA heute bereits über 300 CILs existieren - es sind immer noch viel zu wenige, um den vielfältigen Bedürfnissen behinderter Menschen gerecht zu werden.

Neben der persönlichen Ermächtigung behinderter Menschen im Rahmen des Peer Support-Prozesses erweisen sich die sozialen Rahmenbedingungen der USA oftmals als die größten Stolpersteine auf dem Weg zur Selbstbestimmung. Aufgrund des fehlenden behindertengerechten Wohnraums, einer mangelhaften Finanzierung der persönlichen Pflege, des hohen Konkurrenzdrucks auf dem amerikanischen Arbeitsmarkt, und nicht zuletzt aufgrund der mangelhaften und oftmals kontraproduktiven Sozialgesetzgebung der USA, fristen viele behinderte Menschen dort ein Leben am Rande des Existenzminimums. Besonders in vielen Großstädten der USA stossen die Methoden des Peer Support durch eine unter behinderten Menschen weit verbreitete Arbeitslosigkeit, Obdachlosigkeit und Drogenabhängigkeit oftmals auf natürliche Grenzen, die neben der persönlichen Ermächtigung einer gesellschaftspolitischen Lösung bedürfen. Wenn Peer Support erfolgreich sein soll, müssen die Peer-UnterstützerInnen auch stets an diesen zwei Fronten tätig sein - sowohl die persönliche Ermächtigung von behinderten Menschen als auch die Veränderung der politischen und sozialen Rahmenbedingungen zugunsten behinderter Menschen vorantreiben.

6. Finanzielle Förderung von Peer Support

Die Frage, inwieweit die Methode des Peer Support finanziell gefördert wird, ist für das Überleben der einzelnen Projekte existentiell und dient als Anzeiger dafür, inwieweit diese Methode die öffentliche

[271] vergl. INDEPENDENT LIVING FORUM, 1986; 5
[272] vergl. ebenda; 4f
[273] vergl. NATIONAL COUNCIL ON THE HANDICAPPED, 1986; 43
[274] vergl. DEJONG, 1983; 10
[275] vergl. NATIONAL COUNCIL ON THE HANDICAPPED, 1988; 77
[276] vergl. NATIONAL COUNCIL ON THE HANDICAPPED, 1986; 60
[277] vergl. INDEPENDENT LIVING FORUM, 1986; 5

Anerkennung in den USA gewinnen konnte. Da viele Programme in der Angebotsstruktur der ILP's verankert sind, muß die Finanzierung dieser Dienstleistung im Kontext mit der Finanzierung der ILP's betrachtet werden.

Entsprechend einer nationalen Bewertung der durch die Bundesregierung der USA geförderten ILP's, die durch die *Office of Special Education and Rehabilitation Services* 1986 dem Kongreß der USA präsentiert wurde und sich auf das Geschäftsjahr 1984-85 bezieht, betrugen die durchschnittlichen Jahresausgaben der untersuchten ILP's $ 323.000, die sich in einer Bandbreite von $ 43.000 bis zu $ 1,3 Millionen pro Programm bewegten.[271] Die Hauptfinanzierungsquellen für die ILP's stellen dabei öffentliche Gelder wie z. B. Unterstützungen aus Bundesmitteln und durch die einzelnen Bundesstaaten sowie Mittel aus privaten Ressourcen dar.[272]

Die 1978 vollzogene Änderung des *Rehabilitation Acts of 1973* (*Public Law 95-602*) und besonders die dabei vollzogene Schaffung des *Title VII* im Rehabilitationsgesetz, durch den Gelder für die Bereitstellung von Dienstleistungen für Schwerbehinderte - dazu zählt auch Peer Support -, sowie für den Aufbau und den Betrieb von ILP's bereitgestellt werden,[273] stellt wohl die wichtigste Errungenschaft für die Finanzierung der ILP's und somit auch für die Bereitstellung von Peer Support dar. Während ursprünglich wesentlich grössere Summen für diese Programme vorgesehen waren, wie z. B. $ 200 Millionen für das Jahr 1981, hat der Kongreß nur einen Teil davon bewilligt, so daß beispielsweise nur $ 18 Millionen für das Haushaltsjahr 1981 ausgezahlt wurden.[274] Nach den Angaben des *NATIONAL COUNCIL ON THE HANDICAPPED* wurden 1987 insgesamt 170 ILP's durch Mittel aus dem *Title VII* gefördert.[275] 1986 wurden $ 27 Millionen für die ILP's zur Verfügung gestellt.[276]

Eine andere Geldquelle für die Förderung des Peer Support stellt die finanzielle Unterstützung durch die einzelnen Bundesstaaten dar. Auch wenn hierbei die lokalen Unterschiede berücksichtigt werden müssen, wurde in der Bewertung der durch den *Title VII* geförderten ILP's ermittelt, daß 57 % der Programme auch Unterstützungen durch ihren Bundesstaat erhielten, und daß dies durchschnittlich 24 % ihres Etats ausmachte.[277] Die 1986 vollzogene Änderung des *Rehabilitation Acts of 1973*, durch die die einzelnen Bundesstaaten u. a. damit beauftragt wurden, staatliche *Independent Living Councils* einzuberufen, wirkte sich dahingehend aus, daß die Unterstützung der ILP's auch auf bundesstaatlicher Ebene gestärkt wird. So haben diese *Independent Living Councils* u. a. die Aufgabe, einen Fünfjahresplan zu entwickeln, der die Langzeitziele für die Bereitstellung von Dienstleistungen zur Förderung eines selbstbestimmten Lebens aufzeigt, und Empfehlungen über die Notwendigkeit dieser Dienstleistungen sowie für entsprechende Programme innerhalb des jeweiligen Bundesstaates abzugeben.[278]

Lokale Unterstützungen wie z. B. durch die Landkreise (Counties) oder die Gemeinden bilden im Durchschnitt nur einen kleinen Teil der Ressourcen der Programme und betrugen weniger als 6 % der Jahresausgaben.[279] Demgegenüber nimmt der Anteil der Finanzierung aus privaten Resourcen 8 % des Etats ein.[280] Jedoch führen HANNAH und ELKINS in ihrem Buch *Fundraising for Independent Living Centres* aus, daß der steigende Bedarf an Dienstleistungen auf der einen Seite und Kürzungen staatlicher Unterstützungen auf der anderen Seite viele Organisationen, auch die ILP's, dazu gezwungen haben, sich nach privaten Finanzierungsquellen umzusehen.[281] Dies spiegelt auch die generelle Situation im US amerikanischen Sozialsystem wieder, in dem Spenden aus privaten Quellen eine wesentlich größere Rolle spielen, als dies bei uns der Fall ist. Ein anderer Aspekt, der für das verstärkte Aufbringen von privaten Geldmitteln spricht, benennt ROBERTS hinsichtlich seiner Bedenken für die Zukunft der ILP's wie folgt:

> *"Wir müssen unsere Finanzierungsquellen auffächern, um sicherzustellen, daß keine einzelne Gruppe, sei es die Regierung, eine Körperschaft, Stiftung oder ein Geschäftsunternehmen unseren Willen, Veränderungen für ein besseres Leben vorzunehmen, bedrohen kann."* [282]

[278] vergl. NATIONAL COUNCIL ON THE HANDICAPPED, 1988; 78
[279] vergl. INDEPENDENT LIVING FORUM, 1986; 5
[280] vergl. ebenda
[281] vergl. HANNAH / ELKINS, 1986; iii und vii
[282] ROBERTS, 1985; 27 und 50
[283] vergl. INDEPENDENT LIVING RESEARCH UTILIZATION PROJECT, 1989;1

1989 gelang der *Independent Living*-Bewegung ein Durchbruch in Sachen privater Förderung des *Independent Living*, indem eine der führenden Stiftungen der USA - die *Robert Wood Johnson Foundation* - eine auf die Dauer von vier Jahren festgelegte Förderung von ILP's in einem Umfang von $ 8,4 Millionen zur Verfügung stellte. Nach der Meinung des *INDEPENDENT LIVING RESEARCH UTILIZATION PROJECTS* (ILRU) verspricht dies einen grossen Einfluß auf weitere Förderungen aus diesem Bereich.[283]

Auch wenn die Sterne für die Weiterentwicklung der ILP's und somit auch für eine Ausweitung und Verbesserung des Angebotes von Peer Support gegenwärtig wesentlich günstiger stehen, als dies während der Reagan-Ära der Fall war, wird die Zukunft der Förderung eines selbstbestimmten Lebens von Behinderten ähnlich wie in der BRD entscheidend davon abhängen, inwieweit es der *Independent Living*-Bewegung gelingen wird, eine gesichertere Finanzierung der ILP's zu erreichen.

2. Teil

PEER SUPPORT IN DER BRD

1. *Geschichliche Entwicklung der Selbstbestimmt-Leben-Bewegung in der BRD*

Da es in der Natur der Sache des Peer Support liegt, daß Behinderte diese Form der Unterstützung selbst initiieren und anbieten, sind während der letzten Jahre auch in der BRD Menschen mit Behinderungen aktiv geworden und haben damit begonnen, Beratungszentren aufzubauen, die von Behinderten für Behinderte betrieben werden. Daher werde ich im Folgenden die historische Entwicklung der Selbstbestimmt-Leben-Bewegung von Behinderten in Deutschland darstellen und einige Wege aufzeigen, wie die Anwendung der Methode des Peer Support als ein zentraler Baustein zur Förderung der Selbstbestimmung behinderter Menschen auch in der BRD auf breiter Ebene vorangetrieben werden kann.

Nachdem in den 50er Jahren hauptsächlich die Verbände der Kriegsbehinderten existierten und erste Verbesserungen für Behinderte erreichen konnten, wurden in den 60er Jahren auch verstärkt Verbände für Zivilbehinderte gegründet, wie z. B. die *Lebenshilfe* und der *Spastikerverein.* Aus diesen Verbänden heraus entwickelte sich Ende der 60er Jahre vor allem unter jüngeren Behinderten und Nichtbehinderten Unzufriedenheit mit der Struktur dieser Organisationen, da diese hauptsächlich von Eltern von Behinderten und von anderen Nichtbehinderten dominiert werden. Diese Unzufriedenheit, die sich vor allem auch auf die von diesen Organisationen betriebene Aussonderung in Sondereinrichtungen und den damit verbundenen Strukturen bezogen, die Behinderte zur Anpassung an die Normalität drängen, veranlaßte kritische Behinderte und Nichtbehinderte schließlich ab 1968 dazu, eigene Organisationen zu gründen, die sie *Clubs Behinderter und ihrer Freunde* (CeBeeF's) nannten.[284]

Unter der Leitidee der Integration Behinderter hatten sich diese Clubs hauptsächlich zum Ziel gesetzt, eine gemeinsame Verbringung der Freizeit von Behinderten und Nichtbehinderten zu praktizieren. MAY-

[284] vergl. MAYER, 1988; 165 und BOLL / GÜNTER, 1988; 29
[285] MAYER, 1988; 165
[286] vergl. BOLL / GÜNTER, 1988; 30f
[287] vergl. BOLL / GÜNTER, 1988; 32f und DANIELS V. u.a., 1983

ER merkt hierzu an, daß die Bemühungen dieser Clubs jedoch schnell an ihre Grenzen stiessen. "Vorurteile der Mitmenschen, unzugängliche öffentliche Gebäude, behindertenfeindliche öffentliche Verkehrsmittel, hohe Bordsteinkanten, etc." beeinträchtigten die Entfaltungsmöglichkeiten von behinderten Menschen erheblich.[285] Während einzelne Mitglieder der CeBeeF's versuchten, diese Situation durch Gespräche und Briefeschreiben zu verändern, begann 1974 der erste Volkshochschulkurs "Bewältigung der Umwelt", der von einem Behinderten und einem Nichtbehinderten in Frankfurt am Main angeboten wurde. "Man wollte nicht mehr dankbar, lieb, ein bißchen doof und leicht zu verwalten sein," sondern der "täglichen Behindertenfeindlichkeit begegnen". Aus diesem von Gusti Steiner und Ernst Klee angebotenen Kurs heraus, der sich ungefähr zur Hälfte aus Behinderten und Nichtbehinderten zusammensetzte, entwickelte sich in den nächsten Jahren eine Vielzahl von Protestaktionen, die vom Schreiben von Briefen und Führen von Verhandlungen, über die Besetzung einer unzugänglichen Post, bis zur Blockade einer für RollstuhlbenutzerInnen unzugänglichen Straßenbahn während der Hauptverkehrszeit reichten.[286]

Der Beginn der 80er Jahre und besonders die Aktivitäten gegen die 1981 durchgeführten Feierlichkeiten zum UNO-*Jahr der Behinderten* läutete eine neue Phase für die Behindertenbewegung in der BRD ein. Unter dem Motto "Keine Reden - keine Aussonderung - keine Menschenrechtsverletzungen" wurde die Eröffnungsveranstaltung für das UNO-Jahr mittels einer Bühnenbesetzung durch das "Aktionsbündnis gegen das UNO-Jahr" gestört, so daß Bundespräsident Carstens seine Rede in einem Nebenraum halten mußte. Mittels der Durchführung eines *Krüppeltribunals* am Ende des UNO-Jahres verdeutlichte der Zusammenschluß von insgesamt 15 Gruppen aus der BRD seine Kritik an der bestehenden Behindertenarbeit und -politik. An diesem Tribunal nahmen jedoch nicht alle Gruppen des Bündnisses teil, da sich zu diesem Zeitpunkt der Streit, ob "Behinderte und Nichtbehinderte gleichberechtigt zusammenarbeiten können oder nicht," zugespitzt hatte, und keine Einigung erzielt werden konnte.[287] MAYER merkt hierzu an, daß sich bereits ab der Mitte der 70er Jahre in einigen Städten Krüppelgruppen gegründet hatten, die die Zusammenarbeit mit Nichtbehinderten ablehnten, wobei es in diesen Gruppen hauptsächlich darum ging, "das Verhältnis von Behinderten untereinander zu klären."[288] Nachdem bis dahin in der Regel der informelle Peer Support die einzige Form des Austausches zwischen Behinderten dargestellt hatte, bildete sich in derartigen Gruppen ohne die Anwesenheit von Nichtbehinderten, die, ob sie es wollen oder nicht, "die Normalität repräsentieren"[289] und oft die gesellschaftlichen Strukturen gegenüber Behinderten in die Gruppen tragen, ein sehr intensiver Austausch zwischen Behinderten, der viele Inhalte des Peer Support, wie er in den USA angewandt wird, aufgriff. REINARZ führt hierzu zum Beispiel aus:

> *"Uns ging es einfach nur besser, durch gemeinsame Gespräche und Erlebnisse unsere Identität zu erfahren. Gemeinsam fühlten wir uns zum ersten Mal stark genug, um uns aus den Abhängigkeiten der nichtbehinderten `Halbgötter` zu befreien und zu wachsen. Das, was da zu wachsen begann und auch noch Spaß machte, war nichts anderes als das Gefühl und das Bewußtsein, trotz körperlicher Einschränkungen unser Leben selbst bestimmen zu können."*[290]

1982 kam die bundesdeutsche Behindertenbewegung mit den Ideen der US-amerikanischen *Independent Living*-Bewegung auf einem von der *Vereinigung Integrationsförderung e.V.* - VIF organisierten internationalen Kongreß in München in Berührung, woraufhin erste Versuche unternommen wurden, Beratungsangebote zum autonomen Leben nach dem Vorbild der amerikanischen ILP's aufzubauen, die jedoch scheiterten.[291] Aktive Behinderte begannen allerdings damit, sich im Aufbau von ambulanten Diensten zu engagieren, die aus dem Anspruch heraus entstanden, "behinderten Menschen die Hilfe zukommen zu lassen, die sie brauchen, um in einer eigenen Wohnung oder mit Freunden zusammen leben zu können."[292]

Nachdem einige Aktive der Behindertenbewegung in den folgenden Jahren selbst in die USA gereist waren, um sich dort vor Ort ein Bild von

[288] MAYER, 1988; 169
[289] ebenda
[290] REINARZ, 1990; 6
[291] vergl. ebenda
[292] MAYER / RÜTTER, 1988; 8
[293] REINARZ, 1986; 7
[294] vergl. ebenda; 6ff
[295] vergl. DIE RANDSCHAU, 1989; 7 und DIE RANDSCHAU, 1990; 15f

der Situation und der Arbeit der ILP's zu machen, sprang der Funke schließlich entgültig über, so daß 1986 "Selbstbestimmt Leben" - das erste Zentrum für selbstbestimmtes Leben (ZsL) von Behinderten für Behinderte - in Bremen gegründet wurde. Ein Ziel dieses Projektes "Selbstbestimmt Leben" ist es u. a., "Beratung anzubieten, die auch stark pflegeabhängigen Menschen ein Leben ausserhalb von Heimen" eröffnen soll.[293] Ähnlich wie in Bremen entstanden während der nächsten Jahre auch in anderen Städten von Behinderten selbst geleitete und kontrollierte professionelle Beratungsstellen zur Förderung der Selbstbestimmung Behinderter. So existiert heute bereits ein breites Netzwerk von derartigen Projekten, die sich mittlerweile in Bremen, Köln, Hamburg, Kassel, Erlangen, Berlin, Jena, Nürnberg und in München etabliert haben.[294]

Die Jahre 1989 und 1990 waren Schlüsseljahre für die Entwicklung der bundesdeutschen und europäischen Selbstbestimmt Leben Bewegung. 1989 formierte sich während einer internationalen *Independent Living*-Konferenz in Straßburg das *European Network on Independent Living* - ENIL (Europäisches Netzwerk für selbstbestimmtes Leben), in dem sich Menschen mit Behinderungen und Selbstbestimmt-Leben-Organisationen aus ganz Europa zusammengeschlossen haben. ENIL hat sich u. a. zum Ziel gesetzt, den Erfahrungsaustausch in Sachen *Independent Living* zu fördern, in der Entwicklung begriffenen Organisationen beim Aufbau zu helfen, eine effektive Interessenvertretung für ein selbstbestimmtes Leben Behinderter auf europäischer Ebene zu betreiben und die Entwicklung und Verbreitung von Konzepten, Grundsätzen und Definitionen für ein selbstbestimmtes Leben Behinderter voranzutreiben.[295]

Nachdem VertreterInnen der bundesdeutschen Selbstbestimmt-Leben-Initiativen den Aufbau von ENIL entscheidend mit vorangetrieben hatten, folgte nach der 2. ENIL-Konferenz in Holland im Herbst 1990 der längst überfällige nationale Zusammenschluß der bundesdeutschen Selbstbestimmt-Leben-Initiativen zur *Interessenvertretung selbstbestimmt Leben in Deutschland - ISL e. V.* Im Rahmen dieses Zusammenschlusses wurde nicht nur der Anfang einer engen Zusammenarbeit zwischen den bundesdeutschen Selbstbestimmt-Leben-Initiativen vollzogen; es wurden auch klare Grundsätze und eine eindeutige Definition zum Schutz des Begriffes "selbstbestimmtes Leben behinderter Menschen" verabschiedet, die die wichtigsten Leitlinien für die weitere Arbeitsweise der bundesdeutschen Selbstbestimmt-Leben-Bewegung festschreiben und Aufnahmevoraussetzungen in der Interessenvertretung festlegen.[296] Eine klare Definition dessen, was unter der Selbstbestimmung Behinderter verstanden wird, war nötig, um die Verweichlichung des Begriffes zu verhindern; er wird zusehens auch von Organisationen und PolitikerInnen verwandt, die ihr Denken über Behinderung noch nicht wesentlich verändert haben und immer noch über Behinderte bestimmen, anstatt daß diese *selbst über die Themen, die sie betreffen, bestimmen.*

Die Interessenvertretung Selbstbestimmt Leben in Deutschland ist mittlerweile zu einer politischen Kraft geworden, an der die Behindertenarbeit und -politik nicht mehr so leicht vorbei kommt. So ist die ISL, die entsprechend ihren Grundsätzen ausschließlich von Behinderten selbst getragen wird, und mit ihren örtlichen Zentren für selbstbestimmtes Leben über eine aktive Basis in den einzelnen Städten verfügt, mittlerweile zum Beispiel maßgeblich an der Durchführung der Kampagne für ein Gleichstellungs- und Anti-Diskriminierungsgesetz für Behinderte beteiligt.[297] Darüberhinaus nimmt sie neben dem Unterhalt von intensiven internationalen Kontakten in Zusammenarbeit mit dem Verbund behinderter Arbeitgeber/innen - VbA in München und dem Verein zur Förderung der Autonomie Behinderter - fab e. V. in Kassel eine führende Rolle in der Entwicklung und Verbreitung von neuen Konzepten für eine bedarfsgerechte und selbstbestimmte Pflege durch die Förderung der eigenverantwortlichen Organisation der Persönlichen Assistenz durch behinderte ArbeitgeberInnen ein.

Das Konzept der behinderten ArbeitgeberInnen, das in München bereits auf breiter Ebene praktiziert wird, verkörpert ein völlig neues Bild von Behinderten: Aus den sogenannten Pflegeabhängigen und Pflegefällen werden selbstbestimmte behinderte ArbeitgeberInnen und aus den sogenannten HelferInnen werden Persönliche AssistentInnen, die von ihren ArbeitgeberInnen angestellt, bezahlt und versichert, angeleitet und zur Not auch gekündigt werden. Entgegen den Praktiken

[296] vergl. DIE STÜTZE, 1991; 36f

[297] vergl. SÜDDEUTSCHE ZEITUNG, 1991 und INTERESSENVERTRETUNG SELBSTBESTIMMT LEBEN IN DEUTSCHLAND, 1991

vieler Ambulanter Hilfsdienste entscheiden bei diesem Modell der Pflegeorganisation Behinderte selbst, wann, wo, wie und von wem die Assistenzleistungen ausgeführt werden. Durch die vielfältigen Unterstützungen und Beratungen der Selbstbestimmt-Leben-Initiativen wird ein wichtiger Schritt geleistet, um den Grundsatz der Selbstbestimmung Behinderter in dem für viele Behinderte zentralen Bereich der Pflege umzusetzen und behinderte Menschen dazu zu ermächtigen, ihre Assistenz selbst zu organisieren.

Besonders die Entwicklung in den neuen Bundesländern, in denen Behinderte jahrelang extremer Unterdrückung ausgesetzt waren, die u. a. auch die Gründung von Behinderteninitiativen weitgehend verbot, birgt trotz aller Schwierigkeiten große Hoffnung für die Fortentwicklung der Grundgedanken eines selbstbestimmten Lebens von Behinderten in der BRD in sich. So haben sich mittlerweile schon in Berlin-Ost und in Jena Zentren für selbstbestimmtes Leben Behinderter gegründet, die ausschließlich von Behinderten betrieben werden und die diese Bewegung erheblich bereichern und vorantreiben.

2. *Grundsätze eines selbstbestimmten Lebens Behinderter*

Obwohl die Tatsache, daß viele traditionelle Behindertenverbände und PolitikerInnen den Begriff der Selbstbestimmung Behinderter mittlerweile auf ihre Fahnen schreiben, zeigt, wie schlagkräftig dieses neue Konzept ist, ist auch zu beobachten, daß die Bedeutung dieses Begriffes zusehens verfälscht wird. So wird der Begriff der Selbstbestimmung Behinderter immer häufiger in Sonntagsreden verwandt, in denen das Bild des passiven, hilfebedürftigen und zu bemitleidenden Behinderten weiterhin gezeichnet wird, und wird der Begriff von Organisationen verwandt, die z. B. Sondereinrichtungen und Werkstätten für Behinderte unterhalten, in denen die Selbstbestimmung Behinderter mit Füßen getreten wird. Daher tut eine genauere Beschreibung dessen, was die Selbstbestimmt Leben Bewegung unter diesem Begriff versteht, dringend Not.

Die bundesdeutsche Selbstbestimmt-Leben-Bewegung schließt sich der US-amerikanischen Definition des Begriffes *Independent Living* an, wonach die Selbstbestimmung Behinderter im Wesentlichen die *"Kontrolle über das eigene Leben, die auf der Wahl von akzeptablen Möglichkeiten basiert, die das Angewiesensein auf andere beim Treffen von Entscheidungen und der Ausübung von alltäglichen Tätigkeiten minimieren (...)"* , umschreibt.[298]

In Anlehnung an die Ausdifferenzierung dieser Definition durch die internationale *Independent Living*-Bewegung und das *European Network on Independent Living* - ENIL kristallisieren sich sechs Bereiche heraus, die für die Selbstbestimmt-Leben-Bewegung Behinderter in der BRD maßgeblich sind. Diese sind:

1. Gleichstellung und Anti-Diskriminierung Behinderter
2. Abkehr vom medizinischen Krankheitsbild
3. Integration und Nicht-Aussonderung
4. Kontrolle über die eigenen Organisationen
5. Kontrolle über die Dienstleistungen für Behinderte
6. Peer Support - Beratung Behinderter durch Behinderte[299]

Gleichstellung und Anti-Diskriminierung Behinderter

Menschen mit Behinderungen werden in vielen Bereichen des Lebens aufgrund ihrer Behinderung diskriminiert und dadurch oft erst behindert. Behinderung darf daher nicht mehr als individuelles Schicksal betrachtet werden, sondern muß als Resultat gesellschaftlichen Unrechts verstanden werden, das wir nicht länger dulden können. Daher muß sich die Behindertenarbeit und Behindertenpolitik, die sich die Selbstbestimmung Behinderter auf ihre Fahnen geschrieben hat, reformieren und sämtliche Diskriminierungen abbauen, die sie selbst produziert, und unmißverständlich dafür eintreten, daß Diskriminierungen

[298] FRIEDEN, L. / RICHARDS, L. / COLE J. and BAILEY D.; ILRU Source Book: Technical Assistance Manual on Independent Living. Houston, The Institute for Rehabilitation & Research, 1979 zit. in FRIEDEN, L. in Preface bei GIBBONS, 1981; vii

[299] vergl. VERBUNG BEHINDERTER ARBEITGEBER /-INNEN e. V., 1990 und MILES-PAUL, 1990

von Behinderten beseitigt und Gleichstellungsgesetze verabschiedet werden, die Behinderten ihre vollen Bürgerrechte in allen gesellschaftlichen Bereichen zugestehen und diskriminierende Akte gegen Behinderte sanktionieren.

Abkehr vom medizinischen Krankheitsbild

Die Gleichsetzung von Behinderung mit dem Begriff Krankheit führt dazu, daß Behinderte oft in die Rolle des passiven und hilflosen Patienten gedrängt werden, und die Behindertenarbeit unnötigerweise medizinisiert wird. Behinderung ist jedoch in der Regel kein medizinisches Problem, sondern ein Problem ungleicher Machtverhältnisse. Viele Eltern, ErzieherInnen, Pflegekräfte, ÄrztInnen und Krankenschwestern erheben sich oft zu sogenannten "Experten" in Sachen Behinderung und glauben, besser zu wissen, was "für Behinderte gut ist", als diese selbst, so daß sie viel zu oft Entscheidungen treffen, die von Behinderten selbst getroffen werden können und müssen. Darüberhinaus wurde das Gutachter- und Pflegewesen in Sachen Behinderung unnötigerweise medizinisiert, so daß das medizinische Fachpersonal und die professionellen Pflegekräfte erhebliche Macht über behinderte Menschen ausüben können und eine selbstbestimmte Organisation der Persönlichen Assistenz durch Behinderte selbst erheblich erschwert und z. T. sogar verhindert wird. Die strikte Aufgliederung der traditionellen Behindertenorganisationen entsprechend ihrer "Krankheit" entspringt genau dieser Denkweise und trägt erheblich dazu bei, daß sich die einzelnen Behindertengruppen aufsplittern und nur wenig Solidarität miteinander entwickeln, z. T. sogar gegeneinander arbeiten.

Nach den Grundsätzen der Selbstbestimmung Behinderter sind Behinderte die besten "Experten in eigener Sache", die nicht krank, sondern anders sind und am besten selbst wissen, welches ihre Bedürfnisse sind und wie diesen am effektivsten begegnet werden kann. Demzufolge sind es auch die Behinderten selbst, die das Recht haben müssen, die größtmögliche Kontrolle über ihre Persönliche Assistenz auszuüben, wie dies z. B. beim Modell der behinderten ArbeitgeberInnen der Fall ist. Des weiteren arbeiten die Selbstbestimmt-Leben-Initiativen behinderungsübergreifend, so daß die Konkurrenz zwischen den einzelnen Behindertengruppen abgebaut und ein solidarisches und ganzheitliches Vorgehen möglich wird.

Integration und Nicht-Aussonderung

Basierend auf dem Vorurteil, daß Behinderte krank und unfähig sind, für sich selbst zu sorgen, werden viele behinderte und alte Menschen auf Anstalten und Sondereinrichtungen verwiesen, um dort z. T. ihr Leben lang "verwahrt" zu werden.[300] "Sie sind dadurch grundlegenden Entwicklungsmöglichkeiten beraubt und der Selbstbestimmung enthoben, die für Andere selbstverständlich ist." [301] Die Folge davon ist, daß die Selbstsicherheit und die freie Entfaltungsmöglichkeit vieler dieser Ausgesonderten erheblich unter der Unterbringung in derartigen "Verwahr-Anstalten" leidet.

Demgegenüber beweisen die Mitglieder der Selbstbestimmt-Leben-Bewegung an ihrem eigenen Beispiel, daß ein Leben außerhalb von Pflegeheimen und Sonderschulen möglich ist, wenn ihnen die Möglichkeiten zur Übernahme der Verantwortung für sich selbst und die notwendigen Unterstützungen für ein selbstbestimmtes Leben bereit gestellt werden. Die Selbstbestimmt-Leben-Bewegung lehnt daher jegliche Einrichtung und Dienstleistung mit bevormundenden und institutionellen Strukturen ab, die die Wahlfreiheit und die Selbstbestimmung Behinderter einschränkt, und arbeitet daran, die Unterstützungen bereit zu stellen und einzufordern, die die Abhängigkeit Behinderter von derartigen Strukturen und Institutionen aufhebt.

Kontrolle über die eigenen Organisationen

Angenommen, ich würde als Mann eine Frauengruppe anleiten wollen oder mich für den Posten einer Frauenbeauftragten bewerben, so könnte ich mir heutzutage ziemlich sicher darüber sein, daß ich nicht

[300] So wie TRUDE UNRUH in dem von ihr herausgegebenen Buch "Tatort Pflegeheim" von "Alten-Verwahr-Anstalten" spricht, sind die sog. "Behindertenheime" oft nichts anderes als "Verwahr-Anstalten", in denen die institutionellen Strukturen bewirken, daß das Selbstbestimmungsrecht Behinderter mit Füßen getreten wird.

[301] VERBUND BEHINDERTER ARBEITGEBER /-INNEN e. V., 1990; 2

nur nicht gewählt, sondern mich auch zum Gespött machen würde. Dies verhält sich im Behindertenbereich z. Zt. noch ganz anders. Hier ist es gang und gäbe, daß Nichtbehinderte die Vorstände und hauptamtlichen Stellen vieler Behindertenorganisationen bestimmen und die gängigen gesellschaftlichen Strukturen, die Behinderte unterdrücken, ausgrenzen und bevormunden in deren eigene Organisationen tragen und fortführen. So finden Aspekte der Überbehütung und Bevormundung Behinderter in den Behindertenorganisationen selbst oft die krasseste Anwendung. Auf diese Weise werden Behinderte oft nicht nur ihrer Entfaltungsmöglichkeiten in ihren eigenen Organisationen beraubt und in die Passivität gedrängt, sondern auch potentielle Arbeitsplätze für Behinderte von Nichtbehinderten eingenommen.

Aufbauend auf diesen Erfahrungen hat die Selbstbestimmt-Leben-Bewegung daher die Forderung, daß Behinderte selbst die Kontrolle über ihre eigenen Organisationen ausüben müssen, zu einem ihrer wichtigsten Grundsätze gemacht. In der Interessenvertretung *Selbstbestimmt Leben in Deutschland* - ISL e. V. können beispielsweise nur Organisationen Mitglied werden, bei denen ausschließlich behinderte Menschen das Stimmrecht haben und somit auch alle Vorstandsmitglieder selbst behindert sind. Auf diese Weise wird gewährleistet, daß in diesen Organisationen Behinderte "selbst bestimmen" und auch in der Öffentlichkeit selbst als "Experten in eigener Sache" auftreten und somit entscheidend zur Veränderung des Bewußtseins über Behinderung eintreten können.

Kontrolle über die Dienstleistungen für Behinderte

Aufgrund der Dominanz von Nichtbehinderten und ihren Vorstellungen und Normen über Behinderung in den traditionellen Behindertenorganisationen sind es in der Regel auch Nichtbehinderte, die das Sagen über die Erbringung von Dienstleistungen für Behinderte haben und somit deren Ausführung bestimmen. Demzufolge sind fast alle Dienstleistungen für Behinderte, wie z. B. die meisten Ambulanten Dienste, Sozialstationen, Fahrdienste, Sondereinrichtungen, Werkstätten für Behinderte so konzipiert, daß Behinderte ihr Leben den Dienstplänen und institutionellen Zwängen anpassen müssen, anstatt daß sich die

Dienstleistungserbringer an die Bedürfnisse der behinderten KundInnen anpassen. Fahrdienste, die ihre Tätigkeit um 22.00 Uhr einstellen und Ambulante Dienste, die an Wochenenden keine Dienste erbringen, sind klassische Beispiele für eine derartige Vorgehensweise.

Die Selbstbestimmt-Leben-Bewegung Behinderter fordert daher, daß Behinderte die größtmögliche Kontrolle über die Dienstleistungen, die sie betreffen, ausüben können. Daher beschäftigen die Beratungszentren für ein selbstbestimmtes Leben Behinderter beispielsweise nur Behinderte für die Beratung Behinderter, um sicherzustellen, daß die Perspektive und die Erfahrungen von Behinderten selbst auch die Dienstleistungserbringung prägt.

Peer Support - Beratung Behinderter durch Behinderte

Die Bereitschaft Behinderter, sich gegenseitig zu unterstützen und ihre Erfahrungen im Umgang mit ihrer Behinderung an andere Behinderte weiter zu geben, stellt wohl die größte Stärke dieser Bewegung dar und ist eine zentrale Komponente der Emanzipation Behinderter. Daher haben die Selbstbestimmt-Leben-Initiativen die Beratung von Behinderten für Behinderte - Peer Support - zu einem ihrer wichtigsten Grundsätze und Ziele gemacht, so daß dies heute in allen Zentren für selbstbestimmtes Leben praktiziert wird. Auf diese Weise wird neben den gesellschaftlichen Veränderungen die Veränderung in den eigenen Köpfen und somit eine Steigerung der Selbstachtung, des Selbstbewußtseins und der Übernahme der Verantwortung für das eigene Leben von Behinderten entscheidend vorangetrieben. Einhergehend mit dieser persönlichen Ermächtigung kann dann auch die Veränderung der Gesellschaft effektiver und auf breiterer Ebene vorangetrieben werden.

3. Anwendung von Peer Support

Ähnlich wie in den Anfängen der *Independent Living*-Bewegung in den USA bildet der informelle Peer Support, bei dem behinderte Menschen eher zufällig zusammenkommen und sich in einer gering strukturierten Atmosphäre über ihre Probleme und Gefühle austauschen, die am weitesten verbreitete und oft auch einzige Form des Peer Support, die Behinderten in der BRD zur Verfügung steht. Bei Freizeiten, in Heimen, bei Vereinstreffen, bei Wochenendseminaren oder auch bei politischen Veranstaltungen zu Behindertenfragen kommen behinderte Menschen zusammen und tauschen sich über Themen, die sie betreffen, aus. Eine intensivere Unterstützung bei persönlichen Problemen ist bei dieser Form des Austausches jedoch in erster Linie von Kontakten und Freundschaften zu anderen Behinderten, die selbst bereit sind, sich mit ihrer Situation und der Situation von anderen Behinderten auseinanderzusetzen, abhängig und somit nur für einen kleinen Kreis der Behinderten verfügbar. Eine gezielte und längerfristige Unterstützung, um an der Lösung von bestehenden Problemen oder bestimmten Fragen gezielt zu arbeiten, ist hierbei nur begrenzt möglich.

Einige wenige behinderte Menschen, die in der traditionellen Beratung von Behinderten, wie in städtischen Behindertenberatungsstellen, Rehabilitationseinrichtungen oder in der Arbeitsvermittlung beschäftigt sind, ermöglichen behinderten Ratsuchenden einen Austausch mit behinderten BeraterInnen. Dieser Austausch bewegt sich jedoch in der Regel in den eng gezogenen institutionellen Grenzen und wird oft dadurch gehemmt, daß diese Form der Beratung in der Regel nicht unabhängig ist, sondern mit der Gewährung von Leistungen verknüpft ist oder der Beurteilung, ob die einzelnen Behinderten dazu berechtigt sind, Leistungen zu empfangen. Darüberhinaus werden diese behinderten Angestellten für die Ausübung ihrer Arbeit in der Regel nicht danach ausgesucht, inwieweit sie bereits einen bestimmten Grad an Selbstbestimmung im Umgang mit ihrer eigenen Behinderung erreicht haben, und auch nicht speziell darin geschult, gezielt mit ihrer Behinderung umzugehen und andere Behinderte dabei methodisch zu unterstützen, Schritte zur Führung eines selbstbestimmteren Lebens einzuleiten.

Die Zentren für selbstbestimmtes Leben legen demgegenüber grossen Wert auf ihre beraterische Unabhängigkeit und lehnen sogar eine Verknüpfung mit einem Ambulanten Hilfsdienst ab, was REINARZ vom ZsL Köln folgendermassen begründet:

"Die Beratungstätigkeit sollte niemals zu irgendwelchen Abhängigkeiten der Ratsuchenden führen, da 'Freiwilligkeit' und 'Bera-

tung im Sinne der Betroffenen' dadurch gefährdet werden könnten." [302]

So stellen die ZsL's gegenwärtig die Organisationsform dar, die die Prinzipien des Peer Support, wie diese in den USA entwickelt wurden, in Deutschland am weitestgehenden berücksichtigt und auf einer netzwerknahen Basis für Menschen mit den unterschiedlichsten Behinderungen bereitstellt. Im Jahresbericht von *Selbstbestimmt Leben* Bremen liest sich diese Zielsetzung wie folgt:

"Die Beratungsstelle 'Selbstbestimmt Leben' hat die Funktion, durch persönliche Beratung, Begleitung und Unterstützung bei der Durchsetzung individueller Rechte und selbstbstimmter Lebensmöglichkeiten persönliche Hilfe zu leisten. Gleichzeitig soll über Betroffenenberatung anhand konkreter Vorbilder zur Gegenwehr ermutigt, sollen Informationen über Mißstände und Diskriminierung gesammelt, gebündelt, öffentlich gemacht und Widerstand dagegen organisiert werden." [303]

So haben sich mit den ZsL's während der letzten Jahre in einigen Städten Organisationen gebildet, die ähnlich wie die *Centres for Independent Living* in den USA Dienstleistungen bereitstellen, die von Behinderten selbst angeboten und bestimmt werden. Zudem hat sich dabei eine Form der Unterstützung entwickelt, die die Elemente der professionellen Behindertenarbeit mit denen der Selbsthilfe verbindet, um so den Bedürfnissen der KundInnen umfassender gerecht zu werden.

Die Arbeit der ZsL's wird jedoch noch durch die äußeren Rahmenbedingungen, unter denen sie arbeiten müssen, erheblich eingeschränkt. Der Mangel an finanzieller Förderung stellt dabei das größte Hemmnis für eine effektive und kontinuierliche Arbeit dar, woraus ständige Personalnot, die Beschränkung auf kleine und oft völlig unzureichende Räumlichkeiten und die ständige Ungewißheit, ob die Arbeit auch noch

[302] REINARZ, 1990; 8

[303] Jahresbericht von "Selbstbestimmt Leben" Bremen, 1989 zit. in REINARZ, 1990;7

[304] vergl. REINARZ, 1990; 6ff

[305] vergl. ebenda; 6f

im nächsten Jahr fortgeführt werden kann, resultiert.[304] Ein weiteres Problem stellt die Tatsache dar, daß es für die ZsL's z. T. schwierig ist, behinderte Beschäftigte zu finden, die als geeignete Peer-UnterstützerInnen fungieren können, und die Grundgedanken eines selbstbestimmten Lebens von Behinderten teilen, so daß die Entwicklung und Durchführung von Trainingsprogrammen und Fortbildungen für Behinderte, sowie die Verbesserung der Kontakte zu Universitäten, an denen zusehens mehr Behinderte ausgebildet werden, unbedingt vorangetrieben werden muß. Ich werde im Folgenden einige Wege aufzeigen, wie der Auf- und Ausbau von weiteren Projekten, die Peer Support für Behinderte anbieten, in der BRD gefördert werden kann. Da die ZsL's die Grundgedanken des Peer Support gegenwärtig am weitestgehenden berücksichtigen, werde ich mich dabei speziell an deren Situation und Möglichkeiten der Förderung orientieren.

4. Finanzierungsmöglichkeiten

4.1. Arbeitsbeschaffungsmaßnahmen

Neben der Abdeckung der Betriebskosten, wie Miete, Erstausstattung, Honorarmittel für Veranstaltungen, Büromaterialien, Reisekosten, die Anschaffung und Unterhaltung eines Dienstwagens für Hausbesuche etc. stellen die Personalkosten den größten Posten dar, der von den Projekten abgedeckt werden muß. Nahezu alle ZsL's haben den Aufbau und die Hauptarbeit ihrer verschiedenen Projekte mit der Einrichtung von zeitlich befristeten Arbeitsbeschaffungsmaßnahmen (ABMs) begonnen, bei denen die Lohnkosten besonders für schwerbehinderte Beschäftigte z. T. zu einem hohen Prozentsatz im Rahmen des Arbeitsförderungsgesetzes (§91ff AFG) von den Arbeitsämtern übernommen werden.[305] Während das Zurückgreifen auf ABMs einerseits erhebliche Einsparungen hinsichtlich der Lohnkosten für einen beschränkten Zeitraum mit sich bringt, bedeutet dies jedoch andererseits eine ständige Unsicherheit hinsichtlich der Weiterführung der begonnenen Arbeit, sofern dies die einzige wesentliche Finanzierungsquelle darstellt, auf die die Organisation zur Finanzierung der Lohnkosten zurückgreifen kann. Fragen, ob die Personen, die für die Arbeit qualifiziert sind und die die Organisation einstellen möchte, berechtigt sind, durch Arbeitsbeschaffungsmaßnahmen gefördert zu werden, ob die ABM nach Ablauf eines Jahres für ein zweites Jahr bewilligt wird oder ob die Organisation nach Ablauf einer ABM die Person übernehmen oder eine weitere ABM-Stelle bewilligt bekommt, die die professionelle Fortführung der Arbeit gewährleistet, sorgen für ständige Unsicherheiten in den Projekten und wirken sich negativ auf die Motivation der Beschäftigten und Vereinsmitglieder aus. Darüberhinaus ist besonders erschwerend, daß Personen, die durch eine ABM gefördert wurden und sich in die Arbeit der ZsL's eingearbeitet haben, vorerst keine weitere ABM bei der selben Organisation einnehmen dürfen. Daraus ergibt sich ein frustrierender Kreislauf, in dem Beschäftigte in der Regel genau dann richtig eingearbeitet sind und weitergehende Initiativen entwikkeln können, wenn sie kurz vor der Beendigung ihres Beschäftigungsverhältnisses stehen. Um eine effektivere und kontinuierlichere Arbeit leisten zu können, ist es daher von zentraler Bedeutung, daß Projekte, die Peer Support anbieten, sich längerfristigere und gesicherte Finanzierungsquellen erschliessen, so daß die Beschäftigten nach Ablauf der ABM-Förderung in ein reguläres Arbeitsverhältnis übernommen werden können.

4.2. Förderung durch die Ausgleichsabgabeverordnung

Die Vorschriften der Ausgleichsabgabeverordnung des Schwerbehindertengesetzes (SchwbAV) bieten auch für die Organisationen, die Peer Support anbieten, einen Rahmen, in dem eine finanzielle Förderung der Arbeit möglich ist. Die Organisationen, die Peer Support anbieten, tragen in doppelter Hinsicht "zur besonderen Förderung der Einstellung und Beschäftigung Schwerbehinderter", bei, wie dies in §1 SchwbAV als Grundsatz für Leistungen nach diesem Gesetz formuliert ist.[306] Dies geschieht einerseits, indem die ZsL's hauptsächlich Schwer-

[306] BECK, 1988; 60, §1 SchwbAV
[307] vergl. BECK, 1988; 60ff, §3ff SchwbAV
[308] vergl. REINARZ, 1990; 6ff

behinderte beschäftigen, und andererseits deshalb, da sie als freie Träger fungieren, die u. a. auch die psychosoziale Unterstützung von Schwerbehinderten leisten, die die Eingliederung in den allgemeinen Arbeitsmarkt fördert.

So können nach §4 Abs. 1 und §3 Abs. 1 SchwbAV Förderleistungen als “laufende Zuschüsse zum Arbeitsentgelt” für die Einstellung und Beschäftigung von arbeitslosen Schwerbehinderten oder für Schwerbehinderte, die unmittelbar von Arbeitslosigkeit bedroht sind, gewährt werden. Diese Zuschüsse können nach §6 Abs. 1 SchwbAV “bei Arbeitsverhältnissen für die Dauer bis zu 3 Jahren” gewährt werden und nach §5 Abs. 1 SchwbAV im 1. Jahr bis zu 80 %, im 2. Jahr bis zu 70 % und im 3. Jahr bis zu 60 % des Arbeitsentgelts betragen. Maßgebend für die Bewilligung dieser Zuschüsse ist jedoch die Voraussetzung, “daß der Arbeitgeber den Schwerbehinderten während der Förderzeit beschäftigt und bei unbefristeten Arbeitsverhältnissen nach Ablauf der Förderzeit wenigstens ein Jahr weiterbeschäftigt”, da andernfalls nach §10 Abs. 1 SchwbAV ein Teil der Zuschüsse wieder zurückgezahlt werden müssen.[307] Darüberhinaus existieren in einzelnen Bundesländern, wie z. B. in Hessen, besondere Förderprogramme für die Beschäftigung von Schwerbehinderten, die die Lohnkosten z. T. bis zu 100 % für 3 Jahre übernehmen, wenn eine Beschäftigung für ein weiteres Jahr zugesichert wird.

Gegenwärtig verfügen jedoch lediglich das ZsL Köln und das ZsL Erlangen über eine ausreichende Absicherung, um derartige Förderungen aus der Ausgleichsabgabeverordnung in Anspruch nehmen zu können, da diese schon auf der finanziellen Unterstützung durch die Stadt aufbauen können. Demgegenüber ist die finanzielle Absicherung der anderen Zentren bisher noch nicht so weit fortgeschritten, daß diese 3 Jahre lang die restlichen Prozente der Lohnkosten tragen und eine Übernahme der Beschäftigten in unbefristete Arbeitsverhältnisse zusichern können.[308] Trotz dieser Schwierigkeiten, die die meisten ZsL’s gegenwärtig noch von der Inanspruchnahme dieser Förderungen abhalten, können diese Bestimmungen zukünftig einen guten Rahmen bieten, den flächendeckenden Auf- und Ausbau von Organisationen, die Peer Support anbieten, in Ergänzung zu Förderungen durch andere Träger zu flankieren.

Der zweite Aspekt, der eine wichtige Grundlage für die Bereitstellung von Peer Support im Rahmen der Ausgleichsabgabeverordnung bieten kann, bezieht sich auf die Leistungen zur begleitenden Hilfe im Arbeits- und Berufsleben, die in §17 Abs. 3 und in §28 SchwbAV geregelt sind. Demnach können "freie gemeinnützige Träger psychosozialer Dienste, die die Hauptfürsorgestelle an der ihr obliegenden Aufgabe der im Einzelfall erforderlichen psychosozialen Betreuung Schwerbehinderter" beteiligt, "Leistungen zu den daraus entstehenden notwendigen Kosten erhalten."[309] Die psychosoziale Unterstützung von Schwerbehinderten muß dabei jedoch nach §28 Abs. 2 Satz 1 Nr. 2 Buchstabe a SchwbAV "nach Art, Umfang und Dauer auf die Aufnahme, Ausübung oder Sicherung einer möglichst dauerhaften Beschäftigung Schwerbehinderter auf dem allgemeinen Arbeitsmarkt ausgerichtet und dafür geeignet sein."[310]

Ähnlich wie dies viele Rehabilitationsbehörden in den USA betreiben,[311] bietet diese gesetzliche Grundlage auch den Hauptfürsorgestellen die Möglichkeit, die psychosoziale Unterstützung von Schwerbehinderten an freie Träger zu delegieren, die die Methoden des Peer Support einsetzen. Dadurch würden die Mittel, die eingesetzt werden, einerseits die psychosoziale Unterstützung von Schwerbehinderten fördern, und andererseits gleichzeitig eine arbeitsfördernde Maßnahme für Schwerbehinderte, die in den ZsL's arbeiten, darstellen und so den effektivsten Einsatz der Mittel aus der Ausgleichsabgabe darstellen. Da die meisten Beschäftigten der ZsL's in der Regel über die notwendigen Qualifikationen verfügen, die in §28 Abs. 2[312] für die Bewilligung von Mitteln vorgeschrieben sind, steht einer solchen Delegierung der Aufgaben an die ZsL's durch die Hauptfürsorgestellen in der Regel nichts mehr im Wege.

Bei der Auslegung dieser Vorschriften wird es zukünftig jedoch von Bedeutung sein, inwieweit die Notwendigkeit einer psychosozialen Betreuung von Schwerbehinderten für eine Beschäftigung auf dem

[309] vergl. BECK, 1988; 71, §28 SchwbAV

[310] BECK, 1988; 71, §28 Abs. 2 Satz 1 Nr. 2 Buchstabe a

[311] vergl. STUDY GROUP ON PEER COUNSELING AS A REHABILITATION RESOURCE, 1981; 12

[312] vergl. BECK, 1988; 71, §28 Abs. 2 SchwbAV

[313] vergl. STADT KASSEL - MAGISTRAT, 1990; 70f

allgemeinen Arbeitsmarkt anerkannt wird. Die bisherige Betreuung durch freie Träger bezieht sich beispielsweise in Hessen hauptsächlich auf die Unterstützung von psychisch behinderten Menschen oder auf behinderte Personen, die psychische Krisen haben. Die Beispiele aus den USA zeigen allerdings, daß die psychosoziale Unterstützung Behinderter zur Eingliederung in den allgemeinen Arbeitsmarkt wesentlich weiter gefaßt werden muß. Der gezielte Austausch über Ängste, wie sie z. B. bei Vorstellungsgesprächen bestehen, über Unsicherheiten am Arbeitsplatz, über schlechte Erfahrungen mit den Behörden oder über behinderungsbedingte Konflikte mit ArbeitskollegInnen und das Erlernen von adäquaten Umgehensformen mit derartigen Situationen stellen in diesem Bereich ebenfalls eine Notwendigkeit in der psychosozialen Unterstützung dar. Ein erster Ansatz für eine gezielte Delegierung der psychosozialen Betreuung Schwerbehinderter stellt beispielsweise der Abschluß eines Kooperationsvertrages zwischen der Hauptfürsorgestelle mit der Beratungsstelle für Gehörlose und Ertaubte der Ev. Kirche von Kurhessen-Waldeck im Raum Kassel dar.[313] Hier sind es jedoch wiederum hauptsächlich Nichtbehinderte, die die Beratung leisten.

Ein anderer Aspekt, der bei einer Delegierung der psychosozialen Unterstützung von Schwerbehinderten an Organisationen, die Peer Support anbieten, unbedingt berücksichtigt werden muß, ist die Notwendigkeit, daß die Bereitstellung einer unabhängigen Beratung erhalten bleibt. Da die Motivation der KundInnen und eine vertrauliche Atmosphäre für den Erfolg des Peer Support entscheidend ist, dürfen diese Grundvoraussetzungen nicht durch eine zu starke Reglementierung durch die Hauptfürsorgestellen beschnitten werden. Beispielsweise die Pflicht, eine ausführliche Berichtsführung über die besprochenen Themen und die persönlichen Probleme der KundInnen zu betreiben, gefährdet den offenen Austausch erheblich, da sie zu Recht befürchten, daß ihnen diese Berichte irgendwann Nachteile einbringen könnten.

4.3. Unterstützung durch die Kommunen

Da die Förderungen aus der Ausgleichsabgabeverordnung sehr spezifisch auf die Eingliederung Schwerbehinderter in den allgemeinen Arbeitsmarkt zugeschnitten sind, müssen darüberhinaus auch Möglichkeiten geschaffen werden, die die Bereitstellung eines generellen unabhängigen Beratungsangebotes gewährleisten, das die Methoden des Peer Support einsetzt. Hierbei hat die Stadt Köln eine Vorreiterrolle in der BRD übernommen. Nachdem sich das ZsL Köln dazu entschlossen hatte, keinen weiteren Personalwechsel im Rahmen der Förderung durch Arbeitsbeschaffungsmaßnahmen mehr hinzunehmen und mit der Gefahr der Einstellung der Arbeit des Zentrums in die politischen Verhandlungen mit der Stadt und den einzelnen Parteien einzusteigen, steht nun seit Mai 1990 die "'institutionelle Förderung' im Rahmen eines dreijährigen Modellversuches" durch die Stadt Köln fest.[314] Das Rezept für diesen Erfolg beschreibt REINARZ wie folgt:

> *"Nach Möglichkeit überall präsent sein, nicht locker lassen, sich überall zu Wort melden, zeigen, daß wir was zu bieten und zu sagen haben, immer wieder anklopfen und Unterstützung fordern."*[315]

So wird es dem ZsL Köln nun durch die Unterstützung der Stadt Köln ermöglicht, drei MitarbeiterInnen mit unbefristeten Arbeitsverträgen zu beschäftigen und somit eine kontinuierlichere Arbeit zu leisten. Darüberhinaus werden dem ZsL im Rahmen dieses Modellversuches auch materielle Mittel für eine bessere Arbeitsausstattung zur Verfügung gestellt, so daß ein schon seit langem notwendig gewordener Umzug in grössere Räumlichkeiten im Oktober 1991 erfolgen konnte. REINARZ, der anmerkt, daß die Stadt Köln mit dieser Entscheidung anerkannt hat, "daß die Beratung von Hilfesuchenden bei einem freien Träger liegen muß, wenn Beratung 'im Sinne der Betroffenen' erfolgen soll",[316] erhofft sich von dieser Entscheidung auch eine Signalwirkung

[314] vergl. REINARZ, 1990; 8
[315] ebenda
[316] ebenda
[317] vergl. ebenda; 7ff
[318] vergl. ebenda; 10
[319] vergl. MEIßNER, ohne Jahresangabe; 45 und 49

für die Förderung von Beratungsprojekten von Behinderten in anderen Städten.

So ist dem Verein "Selbstbestimmt Leben" in Bremen bereits auch in Aussicht gestellt worden, einen eigenen Haushaltstitel im Etat der Stadt Bremen zu bekommen.[317] Dem ZsL Erlangen, das neben der Beratung jedoch auch einen von der Beratung getrennten ambulanten Dienst unterhält, gelang es ebenfalls, die finanzielle Unterstützung der Stadt Erlangen in Verbindung mit einer Förderung durch das bayerische Staatsministerium für Arbeit und Sozialwesen zu bekommen. So können dort gegenwärtig mehrere hauptamtliche Arbeitskräfte beschäftigt werden. Demgegenüber wird dem *Verein zur Förderung der Autonomie Behinderter* - fab e. V. -in Kassel die Aufnahme in die Beihilfeliste der Stadt Kassel zur Förderung von sozialen Projekten weiterhin verweigert und somit eine finanzielle Unterstützung seiner Arbeit durch die Stadt schon seit vier Jahren verwehrt.[318] Anhand dieser Unterschiede wird deutlich, daß die finanzielle Förderung der ZsL's durch die Kommunen einerseits entscheidend von der politischen Interessenvertretung, die die Projekte betreiben, abhängig ist, und daß andererseits, ähnlich wie bei der Förderung von Frauenprojekten, Möglichkeiten bestehen, die Arbeit der ZsL's und die Bereitstellung von Peer Support erheblich zu fördern, wenn der politische Wille vorhanden ist und ein Umdenken in der Behindertenpolitik vollzogen wird.

Da die Arbeit der meisten ZsL's auf einer Kombination von professionellen Unterstützungen für Behinderte und der Selbsthilfe von Behinderten basiert, sind für diese auch die Fördermöglichkeiten für Selbsthilfegruppen interessant. Mittlerweile haben in diesem Bereich einige Städte, wie z. B. Berlin und München die Wichtigkeit der Arbeit von Selbsthilfeprojekten anerkannt und finanzielle Unterstützungen für diese in ihre Haushalte mit aufgenommen. MEISSNER führt beispielsweise aus, daß die Stadt West Berlin, die eine Vorreiterrolle in Sachen Förderung von Selbsthilfegruppen einnimmt, von 1983 - 1988 rund 52 Mio. DM zur Förderung von insgesamt 800 Selbsthilfegruppen bewilligt hat. Dabei ist die Förderung der Integration Behinderter und deren selbständige Lebensführung als ein Bereich, der Unterstützungen erhält, in den Förderkriterien verankert.[319] In München wurden demgegenüber 1987 2,72 Mio. DM für 154 Selbsthilfeprojekte bewilligt, unter denen auch Behindertengruppen waren.[320] Auch wenn diese Mittel in der Regel nur einen Tropfen auf den heissen Stein für die einzelnen Selbsthilfegruppen darstellen, können diese jedoch auch für die ZsL's eine wichtige Finanzierungsquelle für einzelne Projekte sein, da die Förderung der Selbsthilfe neben der professionellen Beratung ein zentraler Aspekt der Arbeit ist.

4.4. Möglichkeiten der Förderung durch das BSHG

Hinsichtlich der Bewilligung der institutionellen Förderung für das ZsL Köln durch die Stadt Köln merkt REINARZ an, daß die Stadt dadurch eine Lücke hinsichtlich der psychosozialen Beratung und Begleitung von Behinderten, die im BSHG unter dem Begriff der persönlichen Hilfe festgeschrieben ist, schließt. Auch wenn bisher noch keine Projekte, die Peer Support anbieten, direkt nach den Bestimmungen aus dem BSHG gefördert werden, möchte ich einige Möglichkeiten einer solchen Förderung im Rahmen des BSHG aufzeigen, die zukünftig für die Bereitstellung von Peer Support wichtig werden können.

Was REINARZ unter dem Begriff der "persönlichen Hilfen" anspricht, findet seine Begründung in §8 BSHG im Hinblick auf die Formen der Sozialhilfe, die angeboten werden. Demnach gehört zur persönlichen Hilfe nach §8 Abs. 2 BSHG "ausser der Beratung in Fragen der Sozialhilfe (...) auch die Beratung in sonstigen sozialen Angelegenheiten, soweit letztere nicht von anderen Stellen oder Personen wahrzunehmen ist."[321] Somit wird die Notwendigkeit einer Beratung in sonstigen sozialen Angelegenheiten anerkannt, was besonders in Verbindung mit §39 und §40 BSHG im Rahmen der Eingliederungs-

[320] vergl. KRAUS / KNAIER, 1988; 161
[321] MERGLER, 1988; 25, §8 Abs. 2 BSHG
[322] MERGLER, 1988; 39, §39 Abs. 3 BSHG
[323] vergl. MERGLER, 1988; 40, §40 Abs. 1 Satz 8
[324] vergl. MERGLER, 1988; 23, §1 Abs. 2 BSHG
[325] vergl. MERGLER, 1988; 23f, §§3 und 3a BSHG
[326] DER BUNDESMINISTER FÜR ARBEIT UND SOZIALORDNUNG, ohne Jahresangabe; 87, §17 Abs. 1 Satz 2 SGB

hilfe für Behinderte interessant ist. In §39 Abs. 3 BSHG wird als Aufgabe der Eingliederungshilfe u. a. festgeschrieben, “dem Behinderten die Teilnahme am Leben in der Gemeinschaft zu ermöglichen oder zu erleichtern, ihm die Ausübung eines angemessenen Berufs oder einer sonstigen angemessenen Tätigkeit zu ermöglichen oder ihn soweit wie möglich unabhängig von Pflege zu machen.” [322] Da sich die ZsL’s und die Unterstützungsform des Peer Support mit ihren psychosozialen Angeboten im Rahmen dieser Zielvorgaben bewegen und in diesem Rahmen “Hilfe zur Teilnahme am Leben in der Gemeinschaft” leisten, wie dies unter §40 Abs. 1 Satz 8 BSHG unter den Maßnahmen der Hilfe festgeschrieben ist, können diese Vorschriften einen Ansatzpunkt für die Förderung der ZsL’s bieten.[323] Ein weiterer Aspekt, der flankierend für Förderungen nach dem BSHG wirken kann, stellt die Tatsache dar, daß es in der Natur der Arbeit der ZsL’s liegt, daß diese Behinderten die Führung eines Lebens ermöglichen, das der Würde des Menschen entspricht, wie dies in §1 Abs. 2 BSHG als Aufgabe der Sozialhilfe formuliert ist. Zudem kann Peer Support erheblich dazu beitragen, daß die Leistungsempfänger soweit wie möglich dazu befähigt werden, unabhängig von der Sozialhilfe zu leben (§1 Abs. 2 BSHG).[324]

Darüberhinaus muß auch §3 Abs. 2 BSHG berücksichtigt werden, wonach “Wünschen des Hilfeempfängers, die sich auf die Gestaltung der Hilfe richten,” entsprochen werden soll, “soweit sie angemessen sind”. §3a BSHG, wonach der “Vorrang der offenen Hilfe” geregelt ist, schreibt darüber hinaus fest, daß der Träger der Sozialhilfe darauf hinwirken soll, “daß die erforderliche Hilfe soweit wie möglich außerhalb von Anstalten, Heimen oder gleichartigen Einrichtungen gewährt werden kann.” [325] Diese Vorschriften in Verbindung mit der Regelung in §17 Abs. 1 Satz 2 SGB, wonach die Leistungsträger verpflichtet sind, darauf hinzuwirken, “daß die zur Ausführung von Sozialleistungen erforderlichen sozialen Dienste und Einrichtungen rechtzeitig und ausreichend zur Verfügung stehen,” verdeutlichen die Verantwortung der Leistungsträger in diesem Bereich.[326] So wird eine Förderung der ZsL’s nach diesen Richtlinien zukünftig entscheidend davon abhängen, inwieweit es diesen in den einzelnen Kommunen gelingt, den in der Regel vorhandenen Mangel in diesem Bereich der Unterstützung von Behinderten nachzuweisen und den Leistungsträgern zu verdeutlichen, daß Peer Support ein wichtiger Baustein für die "Hilfe zur Teilnahme am Leben in der Gemeinschaft" (§40 Abs. 1 Satz 8 BSHG) darstellt. Andererseits wird es in den Verhandlungen mit den Leistungsträgern entscheidend sein, zu verdeutlichen, daß die Beratung und die Bereitstellung von Peer Support bei einem freien Träger liegen muß, wenn Beratung im Sinne der Betroffenen erfolgen soll.[327]

4.5. Unterstützung durch den Bund und die Länder

Mit einer wachsenden Organisierung und Anerkennung der Arbeit der Zentren für selbstbestimmtes Leben kann eine finanzielle Unterstützung durch die einzelnen Bundesländer und den Bund ebenfalls in greifbare Nähe rücken. Eine solche Förderung könnte einerseits die finanzielle Unterstützung von Modellprogrammen zur weiteren Erforschung des Einflusses einer gezielten und unabhängigen Beratung von Behinderten für Behinderte auf die Entwicklung der Selbstbestimmung von behinderten Menschen umfassen oder die Entwicklung von detailierten Beratungs- und Trainingsprogrammen zur Unterstützung von behinderten Menschen zum Ziel haben. Die Initiierung und Durchführung solcher Modellvorhaben könnte durch eine enge Zusammenarbeit mit Universitäten erleichtert werden, die eine qualifizierte wissenschaftliche Begleitung solcher Projekte unterstützen oder organisieren könnten. Dabei wird jedoch entscheidend sein, daß Behinderte selbst an der Konzeptionalisierung und wissenschaftlichen Begleitung solcher Modellvorhaben und der weiteren Forschung in diesem Bereich beteiligt sind und größtmöglichen Einfluß darauf nehmen, um sicherzustellen, daß dabei die Bedürfnisse und Interessen Behinderter berücksichtigt werden.

Andererseits könnten die einzelnen Bundesländer auch eine gezielte fortlaufende Unterstützung von einzelnen Trägern, die Peer Support anbieten, als innovative Maßnahmen zur Förderung eines selbstbestimmten Lebens von Behinderten vornehmen. Im Rahmen der Bereitstellung von finanziellen Mitteln aus den Haushaltstiteln der einzelnen

[327] vergl. REINARZ, 1990; 8

[328] NATIONAL COUNCIL ON THE HANDICAPPED, 1988; 79

Länderministerien könnte beispielsweise mit der Förderung der ZsL's ein erster Schritt zu einer Schwerpunktverlagerung in der Behindertenarbeit von der Institutionalisierung von Behinderten zur Förderung der Selbstbestimmung und der Möglichkeit eines gleichberechtigten Lebens in der Gemeinde getan werden. Die Entwicklung in den USA deutet auf eine solche Schwerpunktverlagerung in der Behindertenarbeit hin. Das *NATIONAL COUNCIL ON THE HANDICAPPED*, das als BeraterInnengremium für den Präsidenten der USA, den Kongreß und die Rehabilitationsbehörden fungiert, führt beispielsweise in seinem 1988 veröffentlichten Bericht an den Präsidenten und den Kongreß der USA aus:

> *"Das Council vertritt die Meinung, daß Institutionen mit einer strikten pflegeorientierten Programmatik unhaltbar und unnötig sind. Wo auch immer möglich, sollten Institutionen einen Übergangscharakter haben und die Selbstbestimmung fördern. Die Mehrheit der verfügbaren Mittel sollten der Unterstützung von allen Individuen mit schweren Behinderungen zum Erreichen eines größtmöglichen Grades an Selbstbestimmung in der würdevollsten und am wenigsten einschränkenden Umwelt zugeführt werden."* [328]

Inwieweit es gelingen wird, auch in der BRD einen ähnlichen Bewußtseinswandel hinsichtlich der Schwerpunktsetzung bei der Förderung der Behindertenarbeit durchzusetzen, hängt sicherlich entscheidend von der Interessenvertretung der Behinderten selbst ab.

4.6. Private Unterstützungen

Eine andere Finanzierungsquelle, auf die die ZsL's gegenwärtig hauptsächlich noch angewiesen sind, stellen Unterstützungen aus privaten Quellen dar. Diese umfassen Mitgliedsbeiträge, Spenden von Privatpersonen, Bußgelder, die an gemeinnützige Organisationen entrichtet werden, Förderungen durch Stiftungen oder Spenden durch Firmen. Diese Einkünfte, auf die in der Regel kein Rechtsanspruch besteht, sind jedoch in der Regel sehr unregelmäßig, und unsicher, so daß sie nur ergänzenden Charakter zu anderen Förderungen haben können. Dennoch ist das Eintreten für die Verbesserung der Finanzierung aus privaten Quellen besonders unter dem Gesichtspunkt des Erhalts der Unabhängigkeit der ZsL's sehr wichtig. Je weiter die Finanzierungsmöglichkeiten aufgefächert sind, desto unwahrscheinlicher wird es, daß die Inhalte der Arbeit von einzelnen GeldgeberInnen beeinflußt werden können. Um dies zu verhindern und zur Verbesserung der Finanzierungslage der einzelnen Zentren beizutragen, ist es unbedingt notwendig, daß diese auf diesem Bereich enger zusammenarbeiten, Erfahrungen austauschen und Schulungen für die MitarbeiterInnen der ZsL's organisieren. Des weiteren wird in den nächsten Jahren eine eindeutige Schwerpunktsetzung auf die finanzielle Absicherung der Projekte notwendig sein, wenn diese nicht nur eine kurzfristige Erscheinung am Horizont der Behindertenarbeit bleiben wollen, sondern sich als langfristige Angebote zur Förderung der Selbstbestimmung Behinderter etablieren wollen. Hierfür wird es notwendig sein, einzelne MitarbeiterInnen abzustellen, die sich nur um die Finanzierung der Beratungsstellen kümmern und die notwendige Lobby aufbauen.

Schlußbemerkung

Wir sind im richtigen Wind

Wie die Erfahrungen aus den USA zeigen, hat sich dort mittlerweile nicht nur ein neuer Dienstleistungsbereich für Behinderte und ein neues Denken über Behinderung etabliert, sondern eine starke soziale Bewegung behinderter Menschen formiert, die einhergehend mit der individuellen Ermächtigung von Behinderten auf dem besten Wege ist, sich ihre Bürgerrechte und somit ihre gesellschaftliche Gleichstellung zu erkämpfen. Die gegenseitige Unterstützung von Behinderten und der Aufbau von Zentren für selbstbestimmtes Leben, die nach dem Prinzip des Peer Support arbeiten, hat dort über die Jahre hinweg eine Machtverschiebung bewirkt und viele Menschen mit Behinderungen dazu ermächtigt, selbst vielfältige Verantwortungen zu übernehmen und auf die Gestaltung der Gesellschaft im Sinne der Selbstbestimmung Behinderter maßgeblichen Einfluß auszuüben. So leiten Behinderte in den USA mittlerweile Forschungseinrichtungen, lehren an Universitäten, engagieren sich in den politischen Parteien, gestalten die Behindertenpolitik in den Stadtverwaltungen, Landes- und Bundesbehörden erheblich und höhlen somit den Stein der Ignoranz, Aussonderung und Diskriminierung gegenüber Behinderten langsam, aber stetig aus.

Auch wenn wir uns in der BRD eher noch am Anfang dieses Prozesses befinden und uns, z. T. sogar mit erheblichen Gefahren für Behinderte, in der Diskussion um die sogenannte "neue Ethik" und dem erneuten Infragestellen des Lebensrechtes Behinderter auseinandersetzen müssen, haben sich hier während der letzten Jahre ebenfalls erhebliche Veränderungen vollzogen, die auf positive Entwicklungen hoffen lassen. Trotz z. T. erheblicher Widerstände aus den Reihen der traditionellen Behindertenarbeit gelingt es immer mehr Behinderten mit einem progressiven Ansatz, Positionen in derartigen Organisationen einzunehmen und Veränderungen voranzutreiben, schalten sich Behinderte selbst zusehens in politische Diskussionen ein, beginnen Behinderte, ihre eigenen Projekte und Beratungsstellen aufzubauen und ist eine verstärkte Zusammenarbeit zwischen den einzelnen Behindertengruppen und -verbänden zusehens zu beobachten.

Kurzum, Behinderte beginnen auch in der BRD zusehens, sich vom vielbeschworenen Duckmäusertum und der bedingungslosen Anpassung zu verabschieden, und entwickeln ein neues Selbstbewußtsein, das es ihnen ermöglicht, ihre Rechte aktiv einzufordern und eine Veränderung der Behindertenpolitik und -arbeit zu bewirken: Weg von überbeschützenden, entmündigenden und aussondernden Einrichtungen *für Behinderte*, die uns passiv und abhängig halten, hin zu Organisationen *von Behinderten*, die die Selbstbestimmung Behinderter und eine aktive Gestaltung des eigenen Lebens und der gesellschaftlichen Prozesse fördern. Die Mitglieder und MitarbeiterInnen der Zentren für selbstbestimmtes Leben haben hierfür sicherlich einen wichtigen Beitrag geleistet, um diesen Prozeß in Gang zu bringen und zu beschleunigen. Sie werden sicherlich auch in Zukunft eine treibende politische Kraft in diesem Bereich sein und noch so manchen Sturm entfachen, um dazu beizutragen, daß das Schiff der Selbstbestimmung Behinderter im richtigen Wind segelt.

LITERATURVERZEICHNIS

ALCOHOLICS ANONYMOUS WORLD SERVICES, INC.; Twelve Steps and Twelve Traditions. New York 1965

ALCOHOLICS ANONYMOUS WORLD SERVICES, INC.; Alcoholics Anonymous, The Story of How Many Thousands of Men and Women Recovered from Alcoholism. Third Edition, New York City 1976

AMERICAN DISABLED FOR ACCESSIBLE PUBLIC TRANSPORTATION (ADAPT); Incitement Incitement. Vol. 4 1/1988, 2/1988 und 3/1988

ANTZE, PAUL; The Role of Ideologies in Peer Psychotherapie Organizations: Some Theoretical Considerations and Three Case Studies. In: THE JOURNAL OF APPLIED BEHAVIORAL SCIENCE 3/1976, S. 323 - 346

BECK, C. H.; Schwerbehindertengesetz Bundesversorgungsgestz. 13. neubearbeitete Auflage, Deutscher Taschenbuch Verlag, München, 1. Juni 1988,

BOLL, SILLE / GÜNTER, PETER; Geschichte und öffentlichkeitswirksame Aktionen der bundesdeutschen Behindertenbewegung. In: INTERESSENGEMEINSCHAFT BEHINDERTER STUDENTINNEN AN DER GHK; Tagungsbericht zum Thema Öffentlichkeitsarbeit. Kassel 1988, S. 28 - 37

BRISTO, MARCA; Peer Counseling. In: THE DISABILITY RAG, September/1985 S. 18 - 21

CARKHUFF, ROBERT R.; Helping and Human Relations: A Primer for Lay and Professional Helpers. Volume I, New York, Chicago, San Francisco, Atlanta, Dallas, Montreal, Toronto, London, Sidney 1969

CARKHUFF, ROBERT R.; The Art of Problem-Solving. Amherst, Massachusetts 1973

CARKHUFF, ROBERT R. / BERENSON, BERNARD G.; Beyond Counseling and Therapy. Holt, Rinehart and Winston, Inc. New York, Chicago, San Francisco, Atlanta, Dallas, Montreal, Toronto, London 1967

CARR, CHARLES; History of the American Independent Living Movement. Unveröffentlichtes Script, Northeast Independent Living Programm, Inc. Lawrence, Massachusetts 1987

CENTER FOR INDEPENDENT LIVING BERKELEY; Consumer Profile. Unveröffentlichte Statistik über das Geschäftsjahr 1987/88, Berkeley, California 1988

COLE, JEAN A.; Skills Training. In: CREWE, NANCY M. / ZOLA, IRVING KENNETH AND ASSOCIATES; Independent Living for Physically Disabled People. San Francisco, Washington, London 1983, S. 187 - 204

CORCORAN, PAUL J. M.D.; The Health Care Dilemma. Lawrence, KS 1981

CREWE, NANCY M. / ZOLA, IRVING KENNETH AND ASSOCIATES; Independent Living for Physically Disabled People. San Francisco, Washington, Londnon 1983

CUPOLO CARRILLO, ANN / SUGARMAN, MICHAEL / VIVONA, VALERIE; The Independent Living Workbook. Berkeley, California 1985

DANIELS V., SUSANNE / DEGENER, THERESIA u.a. (Hrsg.); Krüppel-Tribunal: Menschenrechtsverletzungen im Sozialstaat. Köln 1983

DEGENER, THERESIA; Independent Living and Personal Assistance Programs for Disabled Persons: A Comparison of Social Welfare Legislation Between the United States, Sweden, and West Germany. Unveröffentlichte Diplomarbeit Frankfurt a.M. 1989

DEJONG, GERBEN Ph.D.; Independent Living: Eine soziale Bewegung verändert das Bewußtsein. In: VEREINIGUNG INTEGRATIONSFÖRDERUNG e. V. München (Hrsg.); Behindernde Hilfe oder Selbstbestimmung der Behinderten: Neue Wege der gemeindenahen Hilfen zum selbständigen Leben. Kongreßbericht der internationalen Tagung: "Leben, Lernen, Arbeiten in der Gemeinschaft" München 24.-26. März 1982. München 1982, S. 132-160

DEJONG, GERBEN; Defining and Implementing the Independent Living Concept. In: CREWE, NANCY M. / ZOLA, IRVING KENNETH AND ASSOCIATES; Independent Living for Physically Disabled People. San Francisco, Washington, London 1983

DESRUISSEAUX, PAUL; "I may be the state director, but I'm still a crip". In: CALIFORNIA MONTHLY Dezember/1976, S. 13

DIE RANDSCHAU; Selbstbestimmt Leben in Europa. Juli - Okt. 1989, S. 7 - 11

DIE RANDSCHAU; Zielsetzung von ENIL. Sept. - Nov. 1990, S 15f

DIE STÜTZE; Behindertenbewegung in den USA. 30. Juli 1990, S. 32 - 34

DIE STÜTZE; Exakter Sprachgebrauch erforderlich. 10. Juni 1991, S. 36f

DISABLED STUDENT CENTER UNIVERSITY OF MASSACHUSETTS BOSTON; Disabled Student Center Annual Report 1987-88. Unveröffentlichter Bericht, Boston 1988

ERVIN, MICHAEL; The 25 Day Siege That Brought Us 504. In: MAINSTREAM April/1986, S. 17 - 22

EUROPEAN NETWORK ON INDEPENDENT LIVING - ENIL; Protection and Registration of the Term "Independent Living". Unveröffentlichte Schrift, 1990

EVANS, SARA M.; Born for Liberty. A History of Women in America. New York, London 1989

FORUM DER KRÜPPEL- UND BEHINDERTENINITIATIVEN; Bus + Bahn für Alle. Erweiterte Ausgabe, Arbeitsgemeinschaft sozialpolitischer Arbeitskreis (ag spak), München 1986

FRANKFURTER RUNDSCHAU; Behinderte Studenten: Probleme an der Uni. 6. Mai 1988

FRIEDEN, ADINA; At Your Service. In: INDEPENDENT LIFE, Fall 1989, Center for Independent Living Berkeley, Berkeley 1989, S. 4

GANNON, JACK R.; The Week the World Heard Gallauded. Gallaudet University Press, Washington D.C. 1989

GIBBONS, FREDERICK X.; A Social Psychological Perspective. Lawrence, Kansas 1981

HANNAH, JACKI K. / ELKINS, SUSAN R. (Hrsg.); Fundraising for Independent Living Centres. The Research and Training Center on Independent Living, The University of Kansas, Lawrence, KS 1986

HURVITZ, NATHAN; The Origins of the Peer Self-Help Psychotherapy Group Movement. In: THE JOURNAL OF APPLIED BEHAVIORAL SCIENCE 3/1976, S. 283 - 294

INDEPENDENT LIVING FORUM; Evaluation Report goes to Congress: Excerpt from the final evaluation report. Vol. 4 No. 2 Frühjahr/Sommer 1986

INDEPENDENT LIVING RESEARCH UTILITATION RESEARCH & TRAINING CENTER ON INDEPENDENT LIVING AT THE INSTITUTE FOR REHABILITATION AND RESEARCH (TIRR); ILRU Insights. Vol. 7 No. 3 & 4, Houston, Texas 1989

INTERESSENGEMEINSCHAFT BEHINDERTER STUDENTINNEN AN DER GESAMTHOCHSCHULE KASSEL (Hrsg.); Tagungsbericht zum Thema Öffentlichkeitsarbeit. Kassel 1988

INTERESSENVERTRETUNG SELBSTBESTIMMT LEBEN IN DEUTSCHLAND - ISL e. V.; Gesetz über behinderte Amerikaner/innen - "The Americans with Disabilities Act" Zusammenfassung. Unveröffentlichte Ausgabe, Kassel 1991

JONES, MICHAEL L. / HANNAH, JACKI K. / FAWCETT, STEPHEN B. / SEEKINS, TOM / BUDDE, JAMES F.; The Independent Living Movement. A Model for Community Integration of Persons with Disabilities. In: CHRISTIAN, WALTER P. et al.; Programming Effective Human Services: Strategies for Institutional Change and Client Transition. New York 1984, S. 315 - 335

JÜRGENS, ANDREAS; Anti-Diskriminierungs-Gesetz in den USA und bei uns. In: DIE RANDSCHAU Okt.-Dez. 86, S. 14 - 17

KATZ, ALFRED H. / BENDER, EUGENE I.; Self-Help Groups in Western Society: History and Prospects. In: THE JOURNAL OF APPLIED BEHAVIORAL SCIENCE 3/1976, S. 265 - 282

KLEE, ERNST; "Euthanasie" im NS-Staat: Die Vernichtung "lebensunwerten Lebens". Frankfurt am Main 1985

KLEINFELD, SONNY; Declaring Independence in Berkeley. In: PSYCHOLOGY TODAY August/1979, S. 67-78

KRAUS, WOLFGANG / KNAIER, WALTRAUD; "Klar, wir machen das für uns, aber doch nicht nur!" - Selbsthilfeinitiativen und kommunale Selbsthilfeförderung in München. München 1988

LACHAT, MARY ANN; The Independent Living Service Model: Historical Roots, Core Elements, and Current Practice. Center for Research Management, Inc. South Hampton, New Hampshire 1988

LANDESWOHLFAHRTSVERBAND HESSEN HAUPTFÜRSORGESTELLE; AusgleichsabgabeVerordnung 1988. Kassel 1988

LANGER, ELLEN J. / RODIN JUDITH; The Effects of Choice and Enhanced Personal Responsibility for the Aged: A Field Experiment in an Institutional Setting. In: JOURNAL OF PERSONALITY AND SOCIAL PSYCHOLOGY Vol. 34, 2/1976, S. 191 - 198

LAURIE, GINI; Independent Living. In: VEREINIGUNG INTEGRATIONSFÖRDERUNG e. V. München; Behindernde Hilfe oder Selbstbestimmung der Behinderten: Neue Wege gemeindenaher Hilfen zum selbständigen Leben. Kongreßbericht der internationalen Tagung "Leben, Lernen, Arbeiten in der Gemeinschaft" München 24.-26. März 1982. München 1982, S. 120 -131

LAWRENCE, DANIEL; Disabled allies: Japanese Senator Commends CIL. In: THE DAILY CALIFORNIAN 12. Oktober 1987, S. 3 und 9

LEVY, CHAVA WILLIG; A People's History of the Independent Living Movement. Lawrence, Kansas 1988

MATHEWS, STEPHANIE A. / PITTMAN, JANICE L. and MATHEWS, MARK R.; Peer Counseling Directory. The Research and Training Center on Independent Living, University of Kansas, Lawrence, Kansas ohne Jahresangabe

MAYER, ANNELIESE; Behinderteninitiativen in der Bundesrepublik. In: STEINER, GUSTI (Hrsg.); Hand und Fuß Buch für Behinderte. Frankfurt am Main, 1988, S. 165 - 173

MAYER, ANNELIESE / RÜTTER, JUTTA (Hrsg.); Abschied vom Heim - Erfahrungsberichte aus Ambulanten Diensten und Zentren für Selbstbestimmtes Leben. AG SPAK München 1988

MEISSNER, JENS; Das Berliner Modell zur Förderung von Selbsthilfegruppen. In: BEITRÄGE ZUM RECHT DER SOZIALEN DIENSTE UND EINRICHTUNGEN. Heft 6, Köln, Berlin, Bonn, München ohne Jahresangabe

MILES-PAUL, OTTMAR; USA: Ein Traum wurde Gesetz. In: DIE STÜTZE. Nr. 11+12/1991, S. 26-28 und Nr. 15+16/1991, S. 15-17

MILES-PAUL, OTTMAR; Selbstbestimmung Behinderter - Was bedeutet das für uns? In: Die Randschau. Nr. 4/5 Sept.-Nov. 1990, S. 17f

NATIONAL COUNCIL ON THE HANDICAPPED; Toward Independence: An Assessment of Federal Laws and Programs Affecting Persons With Disabilities - With Legislative Recommendations. Washington D.C. 1986

NATIONAL COUNCIL ON THE HANDICAPPED; On the Treshold of Independence: Progress on Legislative Recommendations From Towards Independence. Washington D.C. 1988

O'HARA, SUSAN; Annual Report Disabled Students' Program University of California at Berkeley. Unveröffentlichter Jahresbericht für das akademische Jahr 1987-88, Berkeley, California 1988

OWEN, MARY JANE; The "504 Demonstrations" of 1977. In: REHABILITATION GAZETTE 1/1987, S. 8f

PARSONS, T.; The Social System. Glencoe, Illinois, 1951, S. 428 -479

PAUL, OTTMAR; Von den Amis lernen? Progressive Zentren in den USA. In: Sprachrohr Februar 1990, S. 8 - 12

PAUL, OTTMAR; Bewegung in den USA. In: Die Randschau, Dez. 1989, S. 6 - 11

PFAFF, TIMOTHY J.; The war of independence. In: CALIFORNIA MONTHLY Dezember/1976, S. 12f

REINARZ, TOBIAS; Initiativen für "selbstbestimmtes Leben" in Deutschland. In: DIE RANDSCHAU Juli - Aug. 1990, S. 6 - 12

ROBERTS, EDWARD V.; Independent Living Movement Promotes Self-Determination for Disabled Individuals. In: MAINSTREAM, 1985, S. 23,25,27 und 50

RODIN, JUDITH / LANGER, ELLEN J.; Long-Term Effects of a Control-Relevant Intervention With the Institutionalized Aged. In: JOURNAL OF PERSONALITY AND SOCIAL PSYCHOLOGY Vol. 35, 12/1977, S. 897 - 902 und Erratum to Rodin and Langer. In: JOURNAL OF PERSONALITY AND SOCIAL PSYCHOLOGE Vol. 36, 11/1978 S. 462

ROGERS, CARL R.; Client-Centered Therapy: It's Current Practice, Implications and Theory. Boston, New York, Atlanta, Geneva, Dallas, Palo Alto 1951

RÜGGEBERG, AUGUST; Autonom Leben - Gemeindenahe Formen von Beratung, Hilfe und Pflege zum selbständigen Leben von und für Menschen mit Behinderungen. Schriftenreihe des BMJFG Band 173, Stuttgart 1985

SANDFORT, LOTHAR; Independent Living - Ein Vorbild für uns? In: DIE RANDSCHAU April 1986, S. 5 - 10

SAXTON, MARSHA; Peer Counseling. In: CREWE, NANCY M. / ZOLA, IRVING KENNETH AND ASSOCIATES; Independent Living for Physically Disabled People. San Francisco, Washington, London 1983

SAXTON, MARSHA / HOWE, FLORENCE (Hrsg.); With Wings: An Anthology of Literature by and about Women with Disabilities. The Feminist Press at the City University of New York, New York 1987

SCHULZ, RICHARD / HARTMAN HANUSA, BARBARA; Long-Term Effects of Control and Predictability-Enhancing Interventions: Findings and Ethical Issues. In: JOURNAL OF PERSONALITY AND SOCIAL PSYCHOLOGY, Vol. 36 11/1978, S. 1194 - 1201

SCOTCH, RICHARD K.; From Good Will to Civil Rights. Temple University Press, Philadelphia 1984

SIEMENS, JOCHEN; Alle Busse in den USA bald behindertengerecht. In: FRANKFURDER RUNDSCHAU vom 09.09.89

SOUDERS, PAUL A.; Protest That Turned Campus for the Deaf Around. In: THE NEW YORK TIMES, 15. März 1988

STADT KASSEL - MAGISTRAT; Bericht zur Lebenssituation behinderter Einwohnerinnen und Einwohner in Kassel - Behindertenbericht. Kassel 1990

STEIN, KEN; Peer Counseling at the Center for Independent Living: A Description of CIL's Research and Demonstration Project. Hrsg. Center for Independent Living, Berkeley 1978

STODDARD, SUSAN; Independent Living: Concept and Programs. In: AMERICAN REHABILITATION Volume 3 Nr. 6 July-August/1978, S. 2 -5

STODDARD, SUSAN; Evaluating Program Methods and Results. In: CREWE, NANCY M. / ZOLA, IRVING KENNETH AND ASSOCIATES; Independent Living for Physically Disabled People. San Francisco, Washington, London 1983

STUDY GROUP ON IMPLEMENTATION OF INDEPENDENT LIVING PROGRAMS IN REHABILITATION; Implementation of Independent Living Programs in Rehabilitation. Hot Springs, Arkansas und San Antonio, Texas 1980

STUDY GROUP ON PEER COUNSELING AS A REHABILITATION RESOURCE; Peer Counseling as a Rehabilitation Resource. Arkansas Rehabilitation Services, 1981

SÜDDEUTSCHE ZEITUNG; Behinderte fordern mehr Rechte. 31.8./01.09.91

TATE, DENISE G. Ph.D. / CHADDERDON, LINDA M. (Hrsg.); International Perspectives about Independent Living. University Center for International Rehabilitation, East Lansing, Michigan 1983

THE DISABILITY RAG; ADAPT Wins: CTA to Buy 700 Busses with Lifts. März/ April 1989, S. 9

TOMS BARKER, LINDA / ALTMAN, MAYA / YOUNGDAHL, ANDREA; Dimensions in Peer Counseling: Observations from the National Evaluation of Independent Living Centres. Houston, Texas 1987

UNRUH, TRUDE (Hrsg.); Tatort Pflegeheim - Zivildienstleistende berichten. Klartext Verlag Essen, 1989

U.S. DEPARTMENT OF EDUCATION; Summary of Existing Legislation Affecting Persons with Disabilities. Office of Special Education and Rehabilitative Services Clearinghouse on the Handicapped, Washington D. C. 1988

VARELA, RITA A.; Changing Social Attitutes and Legislation Regarding Disability. In: CREWE, NANCY M. / ZOLA, IRVING KENNETH AND ASSOCIATES; Independent Living for Physically Disabled People. San Francisco, Washington, London 1983, S. 28 - 48

VEREIN ZUR FÖRDERUNG DER AUTONOMIE BEHINDERTER; Herbstprogramm des fab e. V. Unveröffentlichte Ausgabe, Kassel 1991

VERBUND BEHINDERTER ARBEITGEBER /-INNEN e. V.; Selbstbestimmt Leben behinderter Menschen im Sinne der internationalen "Independent Living" Bewegung. Unveröffentlichte Ausgabe München 1990

WALDMAN, MYRON S.; Rights Bill for 43 Million. In: NEWSDAY vom 05.03.90

WEINER, FLORENCE; No Apologies. New York 1986

WILLIAMS, MARTHA (Hrsg.) u.a.; Consumer Control in Independent Living. Hampton, New Hampshire 1988

WINDISCH, MATTHIAS u. MILES-PAUL, OTTMAR (Hrsg.); Selbstbestimmung Behinderter: Leitlinien für die Behindertenpolitik und -arbeit. Fachbereich Sozialwesen der Gesamthochschule Kassel 1991

ZOLA, IRVING KENNETH; Developing New Self-Images and Interdependence. In: CREWE, NANCY M. / ZOLA, IRVING KENNETH AND ASSOCIATES; Independent Living for Physically Disabled People. San Francisco, Washington, London 1983, S. 49 - 59

ZUKAS, HALE; CIL History. In: CENTER FOR INDEPENDENT LIVING, INC. BERKELEY; Report on the State of Art Conference. Center for Independent Living Oct. 21-23, 1975. Berkeley 1976

Anhang

ABKÜRZUNGS- UND STICHWORTVERZEICHNIS

CIL *Centre for Independent Living* -
Zentrum für selbstbestimmtes Leben

DSP *Disabled Students' Program*,
Unterstützungszentrum für behinderte Studierende

IL *Independent Living* = Selbstbestimmtes Leben

ILP *Independent Living Program* - Zentrum für selbstbestimmtes Leben

KundIn wird anstatt den Begriffen KlientIn oder Patientin verwandt und umschreibt eine Person, die Dienstleistungen in Anspruch nimmt und dabei alle Rechte und Pflichten ausübt, die KundInnen von anderen Angeboten auch ausüben.

Persönliche Assistenz wird für den Begriff der Hilfeleistung für Behinderte verwandt und beschreibt ein neues Modell der Unterstützung Behinderter, bei dem Behinderte selbst die ArbeitgeberInnen sind und alle damit zusam menhängenden Rollen ausüben .Dabei stellen sie AssistentInnen selbst an, die ihnen bei der Ausübung der Tätigkeiten assistieren, die sie aufgrund ihrer Behinderung nicht selbst ausüben können.

UC University of California

Selbstbestimmt-Leben-Initiativen in der BRD

Aktion Autonom Leben e.V.
Eulenstraße 74
W-2000 Hamburg 50
Tel.040/ 392 555

Zentrum für Selbstbestimmtes Leben e.V.
Jakobstraße 22
W-5000 Köln 1
Tel.0221/ 322 290

Zentrum für Selbstbestimmtes Leben behinderter Menschen e.V.
E.Schneller-Straße 10
O-6002 Jena
Tel.0037-78-313 75

Zentrum für Selbstbestimmtes Leben behinderter Menschen e.V.
Luitpoldstraße 42
W-8520 Erlangen
Tel.09131/ 205 313 Fax: 09131/ 204 572

Zentrum für Selbstbestimmtes Leben behinderter Menschen e.V.
Marienburger Straße 32a
O-1055 Berlin
Tel.0037-2-439 4018

Selbstbestimmt Leben e.V.
Ostertorsteinweg 98
W-2800 Bremen 1
Tel.0421/ 70 44 09

fab e.V. - Verein zur Förderung der Autonomie Behinderter
Weinbergstraße 1
3500 Kassel
Tel.0561/ 779 755 bzw.186 67

Verbund behinderter Arbeitgeber-innen VbA e.V.
Klenzestraße 57c
W-8000 München 5
Tel.089/ 202 1432

Zentrum für selbstbestimmtes Leben
c/o Gaby Eder
Dennerstraße 6
8500 Nürnberg 80
Tel.0911/ 264 874

Interessenvertretung "Selbstbestimmt Leben" Deutschland e. V. - **ISL**

Verein zur Förderung selbstbestimmten Lebens behinderter
Menschen im Sinne der internationalen
"Independent Living" Bewegung

Resolution 1

verabschiedet am 20. April 1991

Grundsätze zum selbstbestimmten Leben

Mit der Verwendung des Begriffes "Selbstbestimmtes Leben behinderter Menschen" verbinden wir von **ISL** das Ziel, gleichberechtigt in der Gemeinschaft zu leben und unsere Selbstbestimmung auszuüben.

Folgende Grundsätze sollen unsere Arbeit leiten:

1. Selbstbestimmt Leben ist ein Prozeß der Bewußtseinsbildung, der Entwicklung persönlicher und politischer Entscheidungsbefugnis sowie der Emanzipation.

   Dieser Prozeß befähigt uns gleiche Möglichkeiten, gleiche Rechte und die volle Teilnahme in allen Bereichen der Gesellschaft zu erreichen. Als behinderte Menschen müssen wir diesen Prozeß individuell und kollektiv kontrollieren.

2. Zur Verwirklichung eines selbstbestimmten Lebens bieten wir gezielte Unterstützung und Beratung von behinderten Menschen für behinderte Ratsuchende an und verwenden demokratische Grundsätze in unserer Arbeit.

3. Als gleichberechtigte BürgerInnen müssen wir den gleichen Zugang zu den grundlegenden Dingen des Lebens haben. Dazu gehören: Das Recht auf Nahrung, Kleidung, Wohnraum, Gesundheitsversorgung, Hilfsmittel, Dienstleistungen zur persönlichen Unterstützung, Mobilität, Kommunikation, Informationen, Bildung, Arbeit, politische Betätigung, Zugänglichkeit aller gesellschaftlichen Bereiche sowie das Recht auf freie Sexualität, Kinder und Frieden.

4. Unsere Initiativen für ein selbstbestimmtes Leben sind eine behinderungsübergreifende Bewegung, die sich für die Befriedigung der Bedürfnisse von allen behinderten Menschen einsetzt. Um dies zu gewährleisten, müssen wir uns von Vorurteilen befreien, die wir gegenüber Personen mit anderen Behinderungen als unsere eigenen haben und das Engagement anderer unterrepräsentierter Gruppen fördern.

5. Wir müssen alle Voraussetzungen bekommen, die uns gleiche Chancen, wie sie Nichtbehinderte haben, einräumen und uns eine volle Teilnahme am Leben der Gemeinschaft ermöglichen, indem wir unsere Bedürfnisse, die Kompensationsmöglichkeiten und den Grad der Kontrolle über diese notwendigen Dienstleistungen selbst bestimmen.

6. Kinder mit Behinderung müssen von ihren Familien und der Gesellschaft dahingehend unterstützt werden, daß sie ein eigenständiges Leben entwickeln können.

Unsere Bürgerrechtsbewegung für ein selbstbestimmtes Leben lehnt den Aufbau und Erhalt von Einrichtungen ab, die behinderte Menschen durch Aussonderung diskriminieren oder durch ihre Angebote in besondere Abhängigkeit bringen und halten.

7. Wir, die behinderten Menschen, müssen die Möglichkeiten haben, uns selber in der Forschung, Entwicklung, Planung und im Treffen von Entscheidungen in allen Bereichen und Angelegenheiten, die unser Leben berühren, zu engagieren.

Entscheidungen, die die Belange behinderter Menschen betreffen, dürfen nicht ohne Beteiligung derselben getroffen werden !

Diese Grundsätze wurden auf der **ISL** - Mitgliederversammlung vom 19. - 20. April 1991 in Köln verabschiedet.

Verein zur Förderung selbstbestimmten Lebens behinderter
Menschen im Sinne der internationalen
"Independent Living" Bewegung

Resolution 2

verabschiedet am 20. April 1991

Kriterien zum Schutz des Begriffs
"Selbstbestimmtes Leben behinderter Menschen"

Jede öffentliche und nicht öffentliche Organisation, die den Titel "Selbstbestimmtes Leben behinderter Menschen" benutzen will, oder vorgibt, unter diesem Motto zu arbeiten, muß folgende Prinzipien und Kriterien erfüllen:

1. Solidarität

a. Beratung, Information und Hilfen müssen behinderten Menschen kostenlos zur Verfügung gestellt werden.

b. Die Aktivitäten müssen zum Wohle aller behinderter Menschen sein und deren Gleichbehandlung ungeachtet der Schwere ihrer Behinderung, ihres Geschlechts, ihres Alters und ihrer Herkunft gewährleisten.

c. Engagement und unterstützendes Handeln für die Verbreitung der Grundsätze des "Selbstbestimmten Lebens behinderter Menschen".

2. Weiterbildung

a. Weiterbildung gilt als wichtiges Werkzeug, um in der Lage zu sein, Erfahrungen und Einsichten weiter zu geben, und kann damit Menschen mit Behinderung befähigen, dem psychologischen, wirtschaftlichen, sozialen und politischen Druck, dem sie ausgesetzt sind, standzuhalten.

b. In diesem Sinne sollen behinderte Menschen durch Beratung und Schulung ihrer speziellen Fähigkeiten ermutigt werden, so daß sie in allen Bereichen des Lebens aktiv mitwirken können.

3. De-Institutionalisierung

a. Gegenpol zu allen mobilen und niedergelassenen öffentlichen oder privaten Einrichtungen zu sein, die bestimmte Regeln für behinderte Personen im Umgang mit ihrer Behinderung aufstellen. Da dies jedoch immer mit einer Behinderung bei der Entfaltung eines individuellen Lebensstils einhergeht, sind diese Institutionen abzulehnen.

b. Insbesondere ist es jenen Institutionen untersagt, den Titel "Selbstbestimmtes Leben Behinderter" zu führen, die mit Organisationen zusammenarbeiten, die behinderte Menschen in speziellen Einrichtungen unterbringen, die keine Möglichkeiten zur freien Entfaltung der Persönlichkeit bieten.

4. Organisationsstruktur

Solche Initiativen, Vereine, Verbände und Dachorganisationen dürfen den Titel "Selbstbestimmtes Leben behinderter Menschen" führen,

- wenn das aktive Stimmrecht nur von behinderten Mitgliedern ausgeübt wird,

- wenn alle Entscheidungspositionen von behinderten Personen bekleidet werden; dabei muß der gesamte Vorstand aus behinderten Mitgliedern bestehen,

- wenn mindestens 3/4 der bezahlten oder ehrenamtlichen Tätigkeit in der Verantwortung behinderter Menschen liegt,

- wenn bei Versammlungen, Verhandlungen, Auftritten in Medien usw. die Organisation ausschließlich durch behinderte Personen repräsentiert wird.

Diese Grundsätze wurden auf der ISL - Mitgliederversammlung vom 19. - 20. April 1991 in Köln verabschiedet.